EINFACH DEUTSCH

Unterrichtsmodell

Georg Büchner

Woyzeck

erarbeitet von Norbert Schläbitz
herausgegeben von Johannes Diekhans

Schöningh

Baustein 4

Gewalt(tät)ige Sprachwelten
S. 66–74

4.1	Die Sprache des Volkes	Szene 4, 10	Textarbeit Tafelskizze Schreibauftrag Arbeitsblatt 10: „Sprachanalyse“
4.2	Sprache der Macht und Ohnmacht	Szene 5, 8, 9	Textarbeit Tafelskizzen Arbeitsblatt 10: „Sprachanalyse“
4.3	Märchen – Predigt	Szene 11, 19 S. 63	Textarbeit Tafelskizze Schreibauftrag Arbeitsblatt 11: „Sterntaler im anderen Lichte“

Baustein 5

Büchners Literatur- und Kunstauffassung
S. 75–88

5.1	Gegenüberstellung von idealistisch-klassischem und realistischem Theater	S. 52, S. 88–91, S. 91, S. 93–94, S. 94-98	Textarbeit Arbeitsblatt 12a+b: „Literatur- und Kunstauffassung“
5.2	Vorlage: Clarusgutachten	Zusatzmaterial 6: „Clarusgutachten“ S. 62	Textarbeit Tafelskizze Arbeitsblatt 13: „J.C. Woyzeck: Parallelen zum Drama ‚Woyzeck‘“
5.3	Dramenkonzeption: Das offene Drama	S. 98–100, S. 100–106	Textarbeit Tafelskizze
5.4	Projekt: Szenen in (nicht nur) lockerer Folge	S. 106–109, S. 109–112 Zusatzmaterial 5: „Rezension Eiszeit“	Projekt Schreibauftrag Szenisches Spiel Arbeitsblatt 14: „Geschlossenes Drama“ Arbeitsblatt 15: „Dramenkonzeption“

Baustein 6

Vom Woyzec k“ zum „Wozzeck“ – Die Oper
S. 89–99 im Modell

6.1	Verhältnis der Musik zum Text	S. 112, S. 114, Musik: Alban Berg: „Wozzeck“. Wiener Staatsoper/Wiener Philharmoniker unter Leitung von Christoph von Dohnányi. Decca© 1988, CD 1, Track 1	Tafelsarbeit Tafelskizze Musik beschreiben Arbeitsblatt 16: „Musik hören und beschreiben“
6.2	Der Aufbau der Oper	Zusatzmaterial 7: „Alban Berg: Szenenvorlage nach Landau“	Arbeitsblatt 17: „Personen und Szenarium“ Arbeitsblatt 18: „Handschriften und Lese- und Bühnenfassung (Lehmann)“
6.3	Das Volkslied im „Wozzeck“ – Szene 1: Freies Feld	S. 115–121, Zusatzmaterial 7: „Alban Berg, Szenenvorlage“, CD 1, Track 3	Szenisches Spiel

Baustein 1

Collagenwelt
S. 15–18

1.1	Einstieg	Entwicklung von Vorstellungen Zusatzmaterial 1: Folie „Chaotische Ordnung/Ordentliches Chaos“	Schreibauftrag
1.2	Ausstieg und Rückbesinnung	Abschlussreflexion Zusatzmaterial 1: Folie „Chaotische Ordnung/Ordentliches Chaos“	Darstellendes Spiel Projekt

Baustein 2

Zeitenwende
S. 19–29

2.1	Der Mensch Büchner und sein Leben	S. 32–34	Textarbeit Schreibauftrag
2.2	Der Revolutionär Büchner	S. 49–53	Textarbeit Tafelskizze Schreibauftrag
2.3	Der „Hessische Landbote“	S. 54–62, S. 65 Zusatzmaterial 2: Folie „Steckbrief“	Textarbeit Schreibauftrag Tafelskizze Arbeitsblatt 1: „Sprachliche Mittel und rhetorische Figuren im ‚Hessischen Landboten‘“
2.4	Pauperismus	Szenen 4, 5, 8, 15, 17 S. 106–109, S. 67–70	Textarbeit Referat Arbeitsblatt 2: „Pauperismus“
2.5	Verhältnis Tambourmajor/ Marie/Woyzeck	Szene 2, 3, 4, 11, 14	Textarbeit Tafelskizze

Baustein 3

Wegweisende Richtungen: Das Ideal und die Moral
S. 30–65

3.1	Idealismus/Realismus	S. 83–88	Schreibauftrag Referat
3.2	Die traditionelle Ordnung Szene 5: Der Hauptmann. Woyzeck	S. 65–67, Zusatzmaterial 3a+3b: „Rollentext Hauptmann und Woyzeck“	Textarbeit, Schreibauftrag Tafelskizze Arbeitsblatt 3: „Szenisches Spiel“
3.3	Der Nihilismus in Gestalt des Hauptmanns	Szene 5, S. 51, S. 85, S. 91–93	Textarbeit, Schreibauftrag Arbeitsblatt 4: „Der Nihilismus und das neue Zeitempfinden“
3.4	Der Geist der Wissenschaft und die Natur des Menschen Szene 8: Beim Doktor	Szene 8 S. 81–83, S. 75–78, S. 50 Zusatzmaterialien 4: „Ergänzende Informationen zu Jostein Gaarder …“	Textarbeit Tafelskizze Schreibauftrag Arbeitsblatt 5: „Ein Standbild bauen“ Arbeitsblatt 6: „Doktor und Woyzeck im Vergleich“ Arbeitsblatt 7a: Weltformel 1 Arbeitsblatt 7b: Weltformel 2
3.5	Der „dressierte“ Mensch oder „Zurück zur Natur“ Szene 18 und 3	Szene 3, 18 S. 78–81	Textarbeit Tafelskizze Schreibauftrag Referat
3.6	Beziehung Doktor/Hauptmann	Szene 9	Textarbeit Schreibauftrag Arbeitsblatt 8: „Innerer Monolog zu Szene 9“
3.7	Theaterwelt	S. 109–112 Zusatzmaterial 5: „Eiszeit“	Textarbeit Arbeitsblatt 9: „Theater und Kritik“

Arbeitsfrage

Einzelarbeit

Partnerarbeit

Gruppenarbeit

Unterrichtsgespräch

Schreibauftrag

Szenisches Spiel

Mal- und Zeichenauftrag

Bastelauftrag

Projektorientierung, offenes Unterrichtsangebot

Vorwort

Der vorliegende Band ist Teil einer Reihe, die Lehrerinnen und Lehrern erprobte und an den Bedürfnissen der Schulpraxis orientierte Unterrichtsmodelle zu ausgewählten Ganzschriften und weiteren relevanten Themen des Faches Deutsch bietet.
Im Mittelpunkt der Modelle stehen Bausteine, die jeweils thematische Schwerpunkte mit entsprechenden Untergliederungen beinhalten.
In übersichtlich gestalteter Form erhält der Benutzer/die Benutzerin zunächst einen Überblick zu den im Modell ausführlich behandelten Bausteinen.

Es folgen:

- Hinweise zu den Handlungsträgern
- Zusammenfassung des Inhalts und der Handlungsstruktur
- Vorüberlegungen zum Einsatz des Buches im Unterricht
- Hinweise zur Konzeption des Modells
- Ausführliche Darstellung der einzelnen Bausteine
- Zusatzmaterialien

Ein besonderes Merkmal der Unterrichtsmodelle ist die Praxisorientierung. Enthalten sind kopierfähige Arbeitsblätter, Vorschläge für Klassen- und Kursarbeiten, Tafelbilder, konkrete Arbeitsaufträge, Projektvorschläge. Handlungsorientierte Methoden sind in gleicher Weise berücksichtigt wie eher traditionelle Verfahren der Texterschließung und -bearbeitung.
Das Bausteinprinzip ermöglicht es dabei den Benutzern, Unterrichtsreihen in unterschiedlicher Weise und mit unterschiedlichen thematischen Akzentuierungen zu konzipieren: Auf diese Weise erleichtern die Modelle die Unterrichtsvorbereitung und tragen zu einer Entlastung der Benutzer bei.

Das vorliegende Modell bezieht sich auf folgende Textausgabe: Georg Büchner: Woyzeck. Paderborn: Schöningh Verlag 1999, Best.-Nr.: 022314.

www.schoeningh-schulbuch.de
Schöningh Verlag, Jühenplatz 1–3, 33098 Paderborn

Druck A 10 9 8 / Jahr 2009 08 07
Alle Drucke der Serie A sind im Unterricht parallel verwendbar.
Die letzte Zahl bezeichnet das Jahr dieses Druckes.

Umschlaggestaltung: Peter Wypior
Umschlagmotiv: Woyzeck, Inszenierung der Schaubühne am Lehniner Platz, 2003 © picture-alliance/ZB-Fotoreport
Druck und Bindung: Friedrich Pustet, Regensburg

ISBN 978-3-14-022313-3

Inhaltsverzeichnis

„Genetik Woyzeck". Eine Inszenierung zwischen Kino und Theater – Wirklichkeit und Fiktionen zu Bildern. Von Harriet M. Böge und Peter Meining.

„Die Wunde Heine beginnt zu vernarben, [...] Woyzeck ist die offene Wunde." (Heiner Müller)

„Wäre Büchner ganz unbekannt und durch einen Zufall kämen seine Manuskripte ans Licht – niemals wäre der Augenblick für eine literarische Fälschung günstiger gewesen. Büchner als Heutiger ausgegeben – es würde heißen: ‚Der Autor wird, wenn er sich folgerichtig entwickelt, die ersehnte Synthese von Naturalismus und Romantik bringen'." (Jhering zum 100. Geburtstag von G. Büchner)

„Der Gedanke, dass für die meisten Menschen auch die armseligsten Genüsse und Freuden unerreichbare Kostbarkeiten sind, machte mich sehr bitter." (G. Büchner in einem Brief vom 18.01.1836 an die Familie)

La famiglia. Gemälde von Egon Schiele (1890–1918)

Szenenbild aus „Genetik Woyzeck".

„Georg Büchners Werke [...] hatten mir gewaltigen Eindruck gemacht. Das unvergleichliche Denkmal, das er nach nur dreiundzwanzig Lebensjahren hinterlassen hat, die Novelle ‚Lenz', das ‚Wozzeck'-Fragment hatten für mich die Bedeutung von großen Entdeckungen." (Gerhart Hauptmann)

Die Hauptpersonen

Woyzeck: Er ist 40 Jahre alt, Infanterist beim Militär und Vater eines Kindes, das er mit Marie hat. Aufgrund seiner finanziellen Nöte, die er als Angehöriger des einfachen Volkes hat, stellt er sich für Experimente zur Verfügung, was schwere gesundheitliche Schäden nach sich zieht und für seinen späteren Mord an Marie mitverantwortlich zeichnet.

Hauptmann: Er ist träge und von eher melancholischem Wesen. Er hat wenig zu tun, die Langeweile umfängt ihn und so gilt seine Hauptsorge dem Zuviel an Zeit, das er zu füllen hat. Er füllt diese, indem er ein tugendhaftes Leben zu führen versucht und andere auffordert ebenso zu leben, allein aus Sorge um sich selbst und ohne Interesse für die Not anderer.

Doktor: Ein Mann der Wissenschaft und von dynamischem Wesen ist der Doktor. Er glaubt an den Fortschritt und daran, dass der menschliche Geist zu allem fähig sei, weil er prinzipiell frei sei, losgelöst von allen materiellen Nöten. Er ist der Überzeugung, die Wissenschaft mit seinen Experimenten revolutionieren zu können.

Marie: Marie hat eine Beziehung mit Woyzeck und ist die Mutter ihres gemeinsamen Kindes. Sie ist arm und auf den Unterhalt von Woyzeck angewiesen. Sie sucht in den Armen des Tambourmajors sexuelle Erfüllung sowie ein klein wenig materielles Glück. Ihr schlechtes Gewissen drückt sie.

Tambourmajor: Er ist von stattlicher Statur, übt infolgedessen große Anziehungskraft auf Frauen aus. Bei gegebenen Anlässen paradiert er, festlich geschmückt, für das Militär. So ist er, obwohl er ebenfalls zum einfachen Volk gehört und sein Rang nur dem eines Unteroffiziers entspricht, finanziell besser gestellt.

Andres: Andres ist ebenso wie Woyzeck, mit dem er sich sein Zimmer beim Militär teilt, Soldat. Er ist von schlichtem Wesen, versteht Woyzeck nicht so recht, versucht diesen und sich selbst mit Liedern und schwerfälligen Worten zu beruhigen.

Inhalt

Der Soldat Woyzeck hat ein uneheliches Verhältnis mit Marie, die ihm ein Kind geboren hat. Seine finanziellen Mittel sind, vom einfachen Stand, wie er ist, miserabel, und so sucht er für den Unterhalt von Mutter und Kind nach zusätzlichen Einnahmequellen. Das wird ihm schwer gemacht durch seinen Vorgesetzten, den Hauptmann, den jegliche Eile betrübt, da mit jedem Gewinn an Zeit seine Langeweile sich nur mehrt. Er tadelt daher Woyzeck, der ihn zu rasieren hat, ob der dabei gezeigten Eile. Tadelungswürdig ist dem Hauptmann auch der Umstand, dass Woyzecks Kind so unmoralisch aufwachse. Dass die soziale Not Woyzeck nicht viel Spielraum für ein christlich untadeliges Dasein lässt, wie Woyzeck sprachlich ungewandt anführt, lässt der Hauptmann nicht gelten: Er sorgt sich allein um sich selbst.

Zum mageren Sold gesellt sich noch das bisschen Geld hinzu, das Woyzeck beim Doktor verdient. Er stellt sich für ein wissenschaftliches Experiment zur Verfügung, bei dem er sich über ein Vierteljahr nur von Erbsen ernähren darf. Das Experiment entkräftet Woyzeck körperlich und verwirrt ihn zunehmend geistig. Auch der Doktor tadelt Woyzeck, da er im Rahmen des Versuchsverlaufs nur auf Geheiß seinen natürlichen körperlichen Bedürfnissen folgen und seine Notdurft verrichten darf. Doch der Körper fordert sein Recht und so kann Woyzeck diesen vertraglich zugesicherten Dienst nicht leisten. Der Geist sei frei, betont der Doktor, der Körper diesem untertan und so pocht der Doktor auf die Einhaltung des Vertrages.

Marie indessen fühlt sich von dem stattlichen Tambourmajor angezogen und gibt sich ihm hin. Woyzeck ahnt den Betrug, da Indizien wie neue Ohrringe, die als gefundene ausgegeben werden, und das Verhalten Maries ihn misstrauisch machen. Als er den Doktor und den Hauptmann auf der Straße trifft und diese Anspielungen auf das neue Verhältnis machen, nimmt die geistige Verwirrung – gepaart mit Eifersucht – bedrohliche Ausmaße an. Ein unbemerkt beobachteter inniger Tanz zwischen Marie und dem Tambourmajor gibt Woyzeck Gewissheit um das Verhältnis. Nach einer tätlichen Auseinandersetzung mit dem Tambourmajor, die für den von den Experimenten geschwächten Woyzeck mit einer Niederlage endet, kommt es zur Katastrophe. Er kauft beim Juden ein Messer, schenkt seine Habseligkeiten seinem Kameraden Andres und ersticht Marie.
In einem Wirtshaus wird Woyzecks blutbefleckter Arm bemerkt. Er flüchtet, das Mordwerkzeug landet in einem Teich.

... Ende offen

Vorüberlegungen zum Einsatz des Dramas im Unterricht

Schon Gutzkow, selber Literat und Verleger von Büchner, sah 1837 in Büchner das „Kind der neuen Zeit". Zeugnisse durch die Jahrzehnte hindurch bekundeten immer wieder die Aktualität und weiter, dass wohl erst das Kunstverständnis einer späteren Zeit das Werk wirklich zu würdigen verstünde. Büchner spricht die scheinbar zeitlosen Probleme der Gesellschaft an, die in ihrer äußeren Ausgestaltung sich ändern mögen, in ihrem Kern aber nicht. Ein Werk, das eine solch unverminderte Aktualität in sich trägt, ist für die Schule nahezu unverzichtbar. Schülerinnen und Schüler werden sich nun aber für vieles interessieren, aber nicht unbedingt für die Person Georg Büchners. Warum auch? Sie kennen ihn ja nicht – noch nicht. Eine bloße Leseaufforderung befördert, wo nicht schon ein Grundinteresse besteht, zugleich nur die schnelle Vergessensleistung. Daher ist im Folgenden versucht worden, die traditionelle Textarbeit immer wieder in einem produktionsorientierten Umfeld anzusiedeln. Zugleich ist versucht worden, wo die Aktualität eines Büchners unbestritten ist, dieser Rechnung zu tragen und so weit als möglich Bezüge zur lebensnahen Wirklichkeit herzustellen, mit der Schülerinnen und Schüler auch etwas anfangen können, weil sie das Dargebotene etwas angeht.

Angestrebt wird einerseits eine Aktualisierung, andererseits ist die Darlegung historischer Bezüge unverzichtbar. Zum Teil sind dazu Texte in der Textausgabe zusammengetragen worden, die im Zusammenhang mit Büchner in der Regel wenig rezipiert werden. Für die Drameninterpretation sind sie nicht obligatorisch und doch für den Zweck einer Verknüpfung von Wissenspartikeln zu einem Netz wesentlich. Der bekannte Kantaufsatz zur Aufklärung oder der Text von Jostein Gaarder aus „Sofies Welt" sind zwei Beispiele, die Zitatfolge zu Rousseau ist ein drittes. Vernunft und Gefühl/Natur: Zwischen diesen beiden Polen ist das Drama angesiedelt und eine Auseinandersetzung mit den genannten Texten daher nützlich, auch weil sie den Brückenschlag bis in unsere gegenwärtige Zeit leisten und so das Netzwerk von Beziehungen enger zu verknüpfen erlauben. Der Gedanke, der hier eine Rolle spielt, ist der eines assoziativ arbeitenden Wissensnetzes, in dem aufeinander Bezogenes sich gegenseitig erhellt und erhält.

In diesem Unterrichtsmodell sind verschiedentlich Vorschläge für Projekte und Referate gemacht. Der Hinweis, dass das neue Medium Internet sich für die Umsetzungen einiger Projektideen eignet, soll explizit noch einmal an dieser Stelle formuliert werden. In einem großen Maße sind mit der Ausstellungsfläche Internet – ohne Wandzeitungen, Stellflächen und anderes in Misskredit bringen zu wollen – professionelle Ergebnisse zu erzielen, die zudem zukünftig zu optimieren sind. Das Arbeiten mit dem Medium Internet ist im Übrigen, ebenso wie das Arbeiten in Projekten, prozessorientiert: Ausstellungen im Netz könnten und sollten also über die Zeit des Unterrichtsvorhabens gepflegt werden. Beachtenswert ist hierbei auch, dass eine Webpage stets neue Anknüpfungen und Verweise zulässt, sodass spätere Unterrichts-Projekte, wo dies sich anbietet, gleichsam mit dem schon Erarbeiteten verwoben werden können. Eine sehr informationsreiche Büchner-Seite ist unter folgender Adresse zu finden:
http//www.xlibris.de/Autoren/Buechner/BBio/BueBio01.htm#Anker1:
Dass spezielle Kenntnisse und Fertigkeiten im Umgang mit den Neuen Medien erworben werden und der Deutschunterricht Schülerinnen und Schüler auch in

einer für die Zukunft maßgeblichen Schlüsselkompetenz schult, sei hier nur am Rande vermerkt. Beim Thema Referate sollten Schülerinnen und Schüler darauf aufmerksam gemacht werden, dass sie wörtliche Übernahmen von Textpassagen, die sie aus dem Netz beziehen, genauso seriös kenntlich zu machen haben wie im Falle der Printmedien. Darüber hinaus sollte für die Informationsbeschaffung das Internet explizit als Beschaffungsmedium angedient werden, da es sich zunehmend zu einem nützlichen Zulieferdienst entwickelt. Zugleich sollte aber auch betont werden, dass Referate im Netz, die dort möglicherweise zum eigenen Thema zirkulieren, nicht die eigene Arbeit ersetzen.

Referate im Netz
http://www.fortunecity.de/parkalleen/schlosshuegel/14/fun-new-3.htm
http://members.stefan.de/referate.online
http://www.referate.heim.at/index.html
http://www.referate.de/ oder *.org* oder *.ch*
http://www.spickzettel.de

Web-Adressen: Schulen, Universitäten, Bibliotheken, Verlage u.a.

http://www.san-ev.de	– *Schulen ans Netz*
http://www.b-o.de	– *Bildung Online*
http://gutenberg.aol.de	– *Umfangreiche Informationen zu Autoren*
http://www.zum.de	– *Zentrale f. Unterrichtsmedien im Internet*
http://dbs.schule.de/index2.html	– *Deutscher Bildungsserver*
http://www.learn-line.nrw.de	– *Bildungsserver NRW*
http://www.bildung.rp.schule.de	– *Bildungsserver Rheinland Pfalz*
http://www.schule.de	– *Offenes Schulnetz Berlin*
http://www.schulweb.de	– *Umfangreiches Informations- und Materialangebot*
http://www.goethe.de/z/ekp/derahmen.htm	– *Internet Klassenpartnerschaften*
http://www.lange-net.de/uni_germ.htm	– *Universitäten in Deutschland*
http://gabrieleweis.de/2-bldungsbits/literaturgeschichtsbits/lg-index.htm	– *Deutsche Literaturgeschichte*
http://home.snafu.de/mcthree/literatur/	– *Deutsche Literaturgeschichte*
http://www.buchhandel.de	– *Literaturrecherche (VLB)*
http://www.buchkatalog.de	– *Literaturrecherche*
http://www.amazon.de	– *Literaturrecherche (sehr aktuell!)*
http://www.schoeningh.de	

Suchmaschinen
http://www.yahoo.com
http://www.web.de
http://www.lycos.de
http://www.aladin.de
http://www.allesklar.de
http://www.altavista.com
http://www.fireball.de
http://meta.rrzn.uni-hannover.de
(Metasuchmaschine. Sucht gleichzeitig auf verschiedenen Suchmaschinen)

Viele der angegebenen Arbeitsaufträge sind als Klausuraufgaben zu nutzen bzw. bedürfen nur der geringfügigen Veränderung um entsprechend eingesetzt werden zu können. Weitere Vorschläge für Klausuren stellen die folgenden Aufgaben dar:

- Das Verhältnis von Hauptmann und Woyzeck ist durch deren jeweilige Stellung im militärischen System klar geregelt. Das Verhältnis von Doktor und Woyzeck ist auf eine andere Basis gestellt. Arbeiten Sie diese heraus und nehmen Sie zudem zu der Frage Stellung, wie der Doktor die Grundlage ihrer „Zusammenarbeit“ Woyzeck gegenüber rechtfertigt.

- Hauptmann und Doktor können jeweils als Vertreter einer bestimmten gesellschaftlichen Schicht des 19. Jahrhunderts zugeordnet werden. Stellen Sie diese unter Berücksichtigung der Szenen 5, 8, 9 und 18 heraus. Nehmen Sie kritisch Stellung zu der jeweiligen gesellschaftlichen Funktion.
- „Niemand kümmert sich um die Wirklichkeit; alle setzen ihr Wesen in den Schein.“ (Rousseau) Erörtern Sie die Aussage von Rousseau im Zusammenhang mit den Szenen 3, 4 und 18.
- Fassen Sie die Aussagen des vorliegenden Textes (Zusatzmaterial 6: „Eiszeit“) gegliedert zusammen und beurteilen Sie die dort dargelegten Inszenierungsideen im Hinblick auf das *Sozial*drama Woyzeck im historischen Kontext und im Kontext seiner möglichen Gegenwartsbedeutung.

Konzeption des Unterrichtsmodells

Das vorliegende Unterrichtsmodell ist in sechs Bausteine gegliedert. Ein jeder Baustein bietet eine Fülle von Anregungen, die in der Summe gar nicht bearbeitet werden können. Sie stellen somit ein Angebot dar, sodass aus der Summe der Einzelanregungen ein auf den Kurs zugeschnittenes Unterrichtskonzept entworfen werden kann. Manche Unterrichtsvorschläge sind bspw. szenisch angelegt. In dem Bewusstsein, dass nicht jede Klasse sich in einem szenischen Spiel wohlfühlen muss und dann die eigene Befangenheit mehr als das Drama im Zentrum steht, sind nachfolgend in solchen Fällen stets auch rein textbezogene Vorschläge zur Erschließung gegeben, die alternativ oder auch ergänzend bearbeitet werden können. Obwohl die einzelnen Anregungen sequenziell miteinander verzahnt sind, also aufeinander aufbauen, können sie demnach auch modular genutzt werden, was sie aus dem Gefüge des Bausteins herauslösen lässt.

Der **Baustein 1** widmet sich allein dem Einstieg in das Drama und bietet des Weiteren Vorschläge, mit Abschluss des „Woyzeck" auch einen sinnvoll reflektierenden Ausstieg zu leisten. Für den Ein- wie Ausstieg wird eine Folienvorlage (Collage) angeboten, die eine Vielzahl von Elementen aufweist und die zur ersten Informationssammlung und Hypothesenbildung auffordert. Diese Hypothesen mögen im Verlauf ihre Bestätigung bzw. Revision finden. Mit Ende des Unterrichtvorhabens dient die Collage im Sinne einer abschließenden Darstellung nochmals dazu, das verstreut Dargebotene in einen nachvollziehbaren Zusammenhang zu bringen.

In **Baustein 2** steht die Person Büchners im Zentrum. Ziel ist es hier, das politische Denken darzulegen, das Büchner bewegte, und auch darzulegen, unter welchen gesellschaftlichen Bedingungen ein solches Denken reifen konnte. Am Beispiel des Lebenslaufes und des „Hessischen Landboten" werden entsprechende Positionen nachgezeichnet und über einen ersten Zugang zum Drama werden die Lebensverhältnisse der Protagonisten Woyzeck und Marie aufgezeigt.

Baustein 3 setzt zentral die kritische Auseinandersetzung mit dem Idealismus, dem eine materialistische und so weitgehend realistische Einstellung gegenübergestellt wird.
Hier sind maßgeblich die Szenen 5 *Der Hauptmann. Woyzeck,* 8 *Beim Doktor* und 9 *Straße* angesprochen. Der Hauptmann und der Doktor werden auf ihre gesellschaftlichen Positionen hin überprüft und auf die Ideen, die sie leiten. Zugleich wird in Gegenüberstellung Woyzecks Lage reflektiert und deutlich gemacht, dass die Tragödie zuvorderst gesellschaftlich verschuldet ist. Ziel ist es außerdem, am Beispiel des Hauptmanns die Nihilismusproblematik, die Büchners Zeit bewegte, offen zu legen und am Beispiel des Doktors aufklärerische Tendenzen auch kritisch zu beleuchten. In diesem Zusammenhang wird auch die Idee der Aufklärung aus dem Blickwinkel Rousseaus beleuchtet und in der Verarbeitung durch Büchner (Szene 3 *Buden, Lichter, Volk*) thematisiert.

Im **Baustein 4** rückt die Sprachanalyse ins Blickfeld. Zu untersuchen sind einerseits die Möglichkeiten des Volkes, sich sprachlich auszudrücken, andererseits die der gebildeten Schichten. Darüber hinaus werden auch hier die das Drama kommentierenden Elemente wie das Märchen oder auch die Predigt des Handwerksburschen untersucht, mit denen Büchner sich mitteilend einmischt.

Der **Baustein 5** befasst sich mit der offenen Dramenkonzeption, die sekundärwissenschaftlich erschlossen und am Drama überprüft wird. Insgesamt kommt in diesem Baustein Büchners Literatur- und Kunstauffassung zum Tragen, der eine realistische Auffassung gegenüber einer idealistisch klassischen vertritt. In diesem Zusammenhang wird auch das Clarusgutachten als realistisches Quellenmaterial angesprochen. Abgeschlossen wird dieser Baustein mit einem umfangreichen, produktionsorientierten Block zum offenen/geschlossenen Drama.

Der **Baustein 6** sucht die Auseinandersetzung mit der Oper „Wozzeck“. Dabei wird, neben explizit musikalischen Inhalten, in Anlehnung an das musikalische Geschehen die Bedeutung des Volksliedgutes im „Wozzeck“ (und damit auch im „Woyzeck“) untersucht. Berücksichtigung finden in diesem Baustein auch die unterschiedlichen Entstehungsstufen des „Woyzeck“.

Die thematischen Bausteine des Unterrichtsmodells

Baustein 1 Collagenwelt

1.1 ❐ Einstieg

Der Einstieg in die Lektüre ist geplant mit der für dieses Unterrichtsmodell erstellten Collage (siehe Zusatzmaterial 1, S. 100): „Chaotische Ordnung/Ordentliches Chaos?“ Diese Collage kann als Folie oder auch in kopierter Form präsentiert werden. Verschiedene Einzelheiten aus dem „Woyzeck“ und rund um den „Woyzeck“ sind darin vereint und sammelnd zu entdecken, zu entziffern. Erste Deutungshypothesen oder auch nur Fragestellungen sollen in dieser Eingangsphase entwickelt werden, die sukzessiv im weiteren Verlauf ihre Bestätigung erfahren und sich klären werden bzw. zu widerrufen sind.
Für die Einstiegsphase ist es ohne Relevanz, ob die Schülerinnen und Schüler den „Woyzeck“ schon gelesen haben oder nicht. Wer das Drama schon gelesen oder die Textauszüge quer lesend schon durchgeblättert hat, kann benennen, was er schon zu kennen meint, und schauen, inwiefern erste Eindrücke sich in Deutungsansätze umformulieren lassen.

Damit Ideen, Gedanken, Fragen, Hypothesen nicht vergessen werden, ist daran gedacht, die Eindrücke auf einem vorbereiteten Plakat niederzulegen. Nach einer Phase der Begutachtung der Collage erfolgt eine Phase der Verschriftlichung.

❐ *Die Folie bietet eine ganze Summe von Indizien, die auf das Drama „Woyzeck“ verweisen. Sammeln Sie entsprechende Hinweise und halten Sie sie auf dem Plakat fest.*

Was sehen wir?	Was bleibt warum rätselhaft? Welche Fragen treten ins Blickfeld?
• Wozzeck • … • … • … etc.	➪ Ich denke, das Drama heißt „Woyzeck“?!? Wie kommt es zu den unterschiedlichen Namen? ➪ … ➪ … ➪ … etc.

Was werden die Schülerinnen und Schüler finden?

- **Verweis auf das unleserliche Fragment:** Der Name „Wozzeck“ – er taucht gleich zweimal auf dem Plakat auf – wird irritieren, da jedem bekannt ist, dass der „Wo**yz**eck“ die nächsten Wochen Thema sein wird. Die Irritation ist erwünscht, da sie neugierig machen kann und sich alsbald ohnehin auflösen wird. Zum einen ist hier das Titelbild der ersten Reclamausgabe vorgestellt, zum anderen das Plakat der Wiener Uraufführung, die Alban Berg gesehen hat, der daraufhin die Idee entwarf, den Dramenstoff zu vertonen.

- **Verweis auf Autor, Komponist und historische Vorlage:** Verschiedene Porträt-Bilder bzw. -Fotos sind vorzufinden: Das von Büchner oben rechts, mit einem handschriftlichen Text unterlegt, ein weiteres unten rechts, unterlegt mit einer Notenvorlage, und eines, das ebenfalls mit Text unterlegt ist und den Namenszug „J. C. Woyzeck" aufweist. Es können Vermutungen über die jeweilige Identität angestellt werden: Die unterlegten Noten sprechen offensichtlich für den Komponisten einer Musik, die mit dem Drama etwas zu tun haben wird. Das Bild mit der Unterschrift „J. C. Woyzeck" legt die Hypothese nahe, dass hier eine reale Person abgebildet ist und es gegebenenfalls ein historisches Äquivalent zur Dramenfigur gleichen Namens gibt. Der unterlegte Text ist ein Auszug aus dem Abschiedsbrief von Woyzeck am Vorabend der Hinrichtung. Das dritte Bild wiederum wird unschwer als Büchner identifiziert werden, da Portraits von ihm in vielen Schulbüchern abgedruckt sind.
- **Verweis auf einen Mord:** Zu sehen sind des Weiteren Szenenfotos, einerseits eine Person, zu deren Füßen eine Frau liegt, zum anderen zwei Personen, die im Feld stehen. Was es hiermit auf sich hat, kann ebenfalls in Thesen gesetzt werden. Die Frau am Boden lässt einen Unfall, einen Mord vermuten, aber auch anderes Unheilvolles. Die Kleidung der Personen auf beiden Bildern lässt auf eine niedrige soziale Herkunft schließen. Auch hier wird die Lektüre Klärung bringen.
- **Verweis auf Doktor und Wissenschaft:** Darüber hinaus sind das Sezierbesteck eines Arztes und ein in eine konservierende Flüssigkeit eingelegtes und präpariertes Menschenkind in einem Glasbehälter zu sehen. Auch hier werden Fragen im Raum stehen, die nicht spontan zu beantworten sind, aber es wird sich das Interesse auf die im Text dargestellte Wissenschaftswelt wenden lassen.
- **Verweis auf den Hauptmann:** Außerdem sind zwei Bilder einer uniformierten Person zu entdecken, die sich durch keine sehr straffe, militärische Haltung auszeichnet, sondern vielmehr in sich eingesunken, kraft- und haltungslos wirkt. Der Widerspruch von militärischer Ausstaffierung auf der einen und Haltungslosigkeit auf der anderen Seite könnte aufmerken lassen.
- **Verweis auf die Gesellschaftsordnung:** Schließlich geben auch die schwarzen Balkenüberschriften zu Vermutungen Anlass: „Chaotische Ordnung/Ordentliches Chaos?" Was könnte damit gemeint sein? Wie könnte die Beziehung zum Text aussehen? Zum anspruchsvollen Thema kann die fraktale Landschaft in Verbindung mit den Chaos-Schlagwörtern werden. Die Frage nach dem Entwurf von Gesellschaft, ob ordnend von gelenkter Hand, mag sie von Gott oder vom Menschen oder von beiden geführt werden, oder ob selbst entwerfend und dabei Regeln setzend, ist hier gestellt. Auch ist es denkbar, später die Chaos-Schlagworte zum Anlass zu nehmen und die Dramenform des Offenen kritisch zu reflektieren, ob darin sich nicht auch eine Ordnung verbirgt.

Insgesamt ist hier also eine rätselhafte collagierte Landschaft geschaffen, die Neugier und Interesse wecken soll für das Kommende, indem sie sich „fragwürdig" im positiven Sinne darbietet. Zu diesen einzelnen Bildelementen, zu denen Hypothesen gebildet werden sollen, können auch Referate vergeben oder ergänzende Collagen erstellt werden sollen, die zum gegebenen Zeitpunkt im Unterricht vorgestellt werden können.

Ein alternativer Einstieg ist folgender:

Die Schülerinnen und Schüler haben nach der ersten Lektüre bestimmte Eindrücke und Vorstellungen, die sie mit dem Drama oder den Personen verbinden und aus denen Hypothesen gebildet werden können.

Wenn ich an Woyzecks Stelle wäre, dann ...	Der Doktor müsste als Mann der Wissenschaft doch wissen, dass ...	Der Hauptmann hat Langeweile, weil ...

❒ *Schreiben Sie Ihre Leseeindrücke nieder, indem Sie die Satzanfänge auf den Plakaten ergänzen, oder schlagen Sie selber Satzanfänge zu einer der Personen vor, die Ihre Mitschülerinnen und Mitschüler ergänzen sollen.*

Diese zweigeteilte Aufgabenstellung kann auch auf unterschiedlichen Plakaten bearbeitet werden, sodass die selbst erdachten Satzanfänge gesondert auf eigenen Plakaten festgehalten werden. Wünschenswert wäre es darüber hinaus, wenn auch mit Marie und dem Tambourmajor ähnlich verfahren würde. Zum Beispiel: „Ich verstehe Marie nicht, denn ..."
Mit Abschluss dieser Aufgabe werden die Ergebnisse auf gemeinsame Ansichten und Interpretationshypothesen geprüft.

1.2 ❒ Ausstieg und Rückbesinnung

Die Plakate sollten an der Wand aufgehängt bzw. aufbewahrt und gegen Ende des Unterrichtsvorhabens daraufhin geprüft werden, inwiefern schon hier geäußerte Gedanken noch Bestand haben bzw. ob Dargelegtes der Revision bedurfte. Die gesammelten Ersteindrücke können so zum Stichwortgeber für die Abschlussstunde geraten. Es kann sich in der Gegenüberstellung dabei zum Beispiel klären, ob Woyzeck überhaupt Handlungsalternativen hat, oder auch, ob der Doktor nicht durchaus logisch und folgerichtig denkt und handelt und ob sich darin nicht gerade das unmenschliche Element verbirgt, und auch, ob sich nicht in der Behäbigkeit und Ignoranz des Hauptmanns eine pathologisch anmutende Egozentrik spiegelt.

Sollte die Collagenidee zum Ersteinstieg gewählt werden, kann der Ausstieg aus der Unterrichtssequenz wie folgt vollzogen werden:
Über die Zeit wird gegen Ende des Unterrichtsvorhabens ein ganzes Geflecht von Ausarbeitungen unterschiedlichster Art präsentiert worden sein, die im Kursraum aufgehängt werden. Mithilfe dieser Arbeitsergebnisse u. a. ist zum Abschluss eine Gesamtreflexion möglich. Auf das zentrale Plakat, das die Eingangsvermutungen und Hypothesen versammelt sieht, wird zurückgegriffen.
Was haben wir gesehen? Welche Vermutungen haben wir gezogen? Wo haben sich unsere Vermutungen bestätigt, wo haben wir sie revidieren müssen und warum haben wir dies tun müssen ...? In welcher Form entsprechen die in der Collage (Zusatzmaterial 1, S. 100) zusammengeführten Einzelfragmente dem Sozialdrama und der darin entworfenen kritischen Themenschau? Bleiben Sachverhalte rätselhaft oder stellen sich nun vielleicht neue Probleme?

Die Abschlussreflexion kann ganz traditionell in einem Unterrichtsgespräch geleistet werden, aber auch im Sinne der folgenden Anregungen:

- Schülerinnen und Schüler können – nach entsprechender Vorbereitungszeit – aufgefordert werden die Einzelelemente der Folie für einen eigenständigen Vortrag zu nutzen, indem die verwürfelten Einzelteile in dem Vortrag in eine Ordnung gebracht werden: Dramenanlass: Originalperson Woyzeck → Sozialdrama von Büchner: Thema und Gesellschaftskritik → Rezeptionsgeschichte → Berg und die Oper. Die Schülerkommentare, die sich auf weiteren

Arbeitsplakaten im Verlaufe der Zeit an den Wänden angesammelt haben mögen, können ebenso Hilfestellung leisten. So könnte sogar auf eher spielerische Weise ein mündlicher Abiturvortrag simuliert werden, bei dem ein geschlossener Vortrag aus den Einzelelementen zu entwickeln ist.

- Eine Reflexionsschau kann aber auch in eine das Unterrichtsvorhaben abschließende kurze Projekt- oder Produktionsphase einmünden, indem zur Aufgabe gemacht wird, dass die Collage als Vorlage für eine spielreife und vorzustellende Moritat verwendet wird, bei der ein mit Zeigestock ausgestatteter Moritatensänger zur selbst entworfenen oder ausgewählten Musik die Elemente der Folie zu einer Geschichte fügt.
- Eine dritte Möglichkeit ist, dass zur Collage eine ergänzende, diese kommentierende Collage erstellt wird, sodass Text-, Noten-, und Bildelemente ihre ebenfalls collagierte Erläuterung erhalten, sofern dies nicht im Verlaufe der vergangenen Stunden schon geschehen ist.

Notizen

Baustein 2 Zeitenwende

Den politischen Zeitgenossen Büchner sowie die Zeit, in der er lebte, Schülerinnen und Schülern nahe zu bringen scheint unverzichtbar vor dem Hintergrund eines Dramas, das sich als Sozialdrama versteht und in den Bedingungen der Gesellschaft ursächlich seinen Entstehungsgrund findet.

Im Zentrum dieses Bausteines stehen:

- Die historische Person Georg Büchners: Konkret geht es um die Stationen seines Lebens – Schulzeit, Studium, Politik, Privatleben – und damit auch um die „Briefzeugnisse“, die einen lebendigen und politischen Menschen zeichnen.
- Der „Hessische Landbote“, mit dem Büchner ins politische Geschehen eingriff, wird thematisiert.
- Zuletzt geht es auch um die gesamtgeschichtliche Situation, in der Büchner und sein Wirken standen.

2.1 ❑ Der Mensch Büchner und sein Leben

Der Lebenslauf (Textausgabe S. 32–48) soll in ein „Interview“ zwischen Fragendem und Antwortgeber umgeschrieben werden. Über diese Transformationsaufgabe wird eine intensivere Auseinandersetzung als üblich mit der Person Büchners erwartet.
Die Schülerinnen und Schüler werden in mehrere Gruppen zu vier Personen aufgeteilt. Für die Gruppen stehen zwei Arbeitsaufgaben zur Verfügung, von denen arbeitsteilig jede Gruppe eine zu bearbeiten hat. Die Zuweisung kann über die Lehrperson oder in Absprache mit den Gruppen erfolgen. Da die Informationen zum Tod, eingebettet in ein Interview, ein paradoxes Szenario erzeugen würden, sind sie hier ausgeklammert. Sie können anschließend, nach der Gruppenarbeit und ihrer Auswertung, gemeinsam gelesen werden bzw. sind der häuslichen Privatlektüre überstellt.

❑ *Sie führen ein Interview mit Georg Büchner und beschäftigen sich entweder a) mit der Jugend- und Studienzeit Büchners (S. 32–37) oder b) mit dem politischen und literarischen Wirken (S. 38–42). In dem einen wie anderen Falle berücksichtigen Sie darüber hinaus natürlich auch das, was ihn in diesen Jahren jeweils privat bewegte. Erarbeiten Sie in der Gruppe Fragen und Antworten mithilfe der Informationen aus Ihrer Textausgabe.*

❑ *Nehmen Sie eine Rollenverteilung vor und nehmen Sie Ihre Ergebnisse mithilfe eines Kassettenrecorders oder anderen Speichermediums auf.*

Die Gruppen stellen ihre Arbeitsergebnisse vor, wobei die Zuhörenden darauf achten sollen, ob das ihnen Vorgespielte nachvollziehbar ist bzw. ob es für sie offensichtliche Fragen hinterlässt. Die Gruppen mit der arbeitsgleichen Aufgabe überprüfen das Vorgestellte zudem daraufhin, ob sie in ihren eigenen Ausführungen etwas vergessen haben, ob sie eventuell etwas ergänzen können bzw. ob gegebene Informationen nicht überflüssig sind.
Mit den so erarbeiteten Ergebnissen ist ein grober Rahmen gesteckt, innerhalb dessen weiteres Detailwissen erschlossen und mit dem Bekannten verknüpft werden kann.

2.2 ❒ Der Revolutionär Büchner

Die Briefe spiegeln Büchners Ansichten über Politik und zeichnen auch ein Bild dessen, was er von den Menschen dachte. Den unheiligen Zorn über die sozialen Missstände lebendig werden zu lassen ist unverzichtbar, will eine Beschäftigung mit dem Drama nicht zu einer reinen, sich nur selbst genügenden Analysearbeit geraten.

Mithilfe der Briefe (Textausgabe S. 49–54) sollen zum einen Aussagen gesammelt werden, die begründen, warum Büchner der Staatsgewalt gefährlich schien, zum anderen sollen Aussagen gesammelt werden, die Aufschluss über sein Menschenbild geben.

❒ *Untersuchen Sie die Briefe „An die Familie" vom 5.4.33, „An die Familie" im Februar 1834 (S. 49f.) und „An Gutzkow" (S. 52/53) auf mögliche Gründe, warum die Staatsmacht Büchner zum steckbrieflich Verfolgten erklärte. Leiten Sie daraus Aussagen über sein politisches Bild und sein Menschenbild ab.*

Büchners Geisteshaltungen

Politisches Bild	Menschenbild
• Bekenntnis zur Gewalt (S. 49 Z. 7f.) • Nur durch Zwang sind den Mächtigen winzige Verbesserungen abzuringen (vgl. S. 49, Z. 9–12) • Darstellung der miserablen Verhältnisse (S. 49, Z. 11–30) • Kampf gegen das bestehende gewalttägige Gesetz (S. 50, Z. 3f.) • Das Verhältnis zwischen Arm und Reich ist revolutionär bestimmt (vgl. S. 52, Z. 3f.) • Gesellschaft ist nicht von der gebildeten Klasse aus zu reformieren (vgl. S. 53, Z. 31–38) • Vorschläge zur Aushebelung der gebildeten Minorität (vgl. S. 54, Z. 4–8)	• Die Verhältnisse bestimmen über das Lebenslos sowie über geistige Kompetenzen. • Verachtung gegenüber Dummheit und Elend ist daher unangebracht. • Gleiche Voraussetzungen würden gleiche Lebensentwürfe bedingen. • Der Mensch erhält seinen Wert nicht durch Verstand und Bildung, er ist durch ganz andere Qualitäten bestimmt. • Bildung ist eine angehäufte Äußerlichkeit.
➪ Absage an die existierende Gesellschaftsordnung, (S. 54, Z. 11–16), Befürwortung einer Neuordnung von „unten"	➪ Absage an die gebildete Schicht, die mit äußerlicher Gelehrsamkeit Verachtung zeigt für jene, die damit nicht dienen können

Die Aussagen stellen auf der einen Seite eine schonungslose Abrechnung mit der herrschenden Klasse dar, die ihren Besitzstand auf Kosten der Majorität, der armen Bevölkerung, mehrt und dieser ein lebenswertes Leben vorenthält. Dem

Volke zugute kommende Reformen sind selten und fallen höchst unzureichend aus. Die gesellschaftlichen Strukturen werden als überlebt dargestellt. Bestehende Gesetze dienen nur dazu, Gewalt am Volke auszuüben, und nicht dem Volk. So ist zur Überwindung der Verhältnisse gleichfalls Gewalt zulässig. Veränderungen können nicht aus der gebildeten Klasse heraus über abstrakte „Ideen“ ausgelöst werden, sondern das Volk muss die konkrete, materielle Notwendigkeit zur Veränderung selber spüren, erfassen und umsetzen.

Diese Gedanken zum Umsturz sind im wesentlichen Maße auch von Büchners Menschenbild bestimmt: Der „Arme“ kann nicht viel dafür, dass er arm ist. Die Verhältnisse haben dieses Lebenskonzept in den Raum gestellt und keinen anderen Raum für eine Entwicklung zum Besseren gelassen. Die geistige Schulung in Form von Bildung ist eine lächerliche Äußerlichkeit und beschreibt nur ein winziges Teilstück des geistigen Lebens, das den eigentlichen Menschen ausmacht. Dummheit existiert wohl in der Welt, ist somit aber kein Grund, jene mit Spott zu befrachten, die mit ihr geschlagen sind. Zu bekämpfen sind dagegen die geistig Gebildeten, die hier hochmütig Spott walten lassen.

Mit den gesammelten Informationen sind die Schülerinnen und Schüler in die Lage versetzt, der Person Büchner ein lebendiges Gesicht zu verleihen.

❒ *Versetzen Sie sich in die Person Büchners und schreiben Sie aus der Ich-Position Motive für sein Handeln auf. Warum sieht sich Büchner im Widerspruch zu den Verhältnissen? Legen Sie auch dar, wie Sie als Büchner zum Menschen seiner Zeit stehen.*

2.3 ❒ Der „Hessische Landbote“

Büchner denkt – das dürfte die Bezugnahme auf die Briefe schon deutlich gemacht haben – radikal. Diese Radikalität setzt sich in der Schrift des „Hessischen Landboten“ fort, die im Folgenden zur Analyse ansteht, weil hier deutlich wird, dass Büchners Denken nicht allein im Privaten blieb.
Mit der Folie „Steckbrief“ (Zusatzmaterial 2, S. 101) werden im Unterrichtsgespräch erste Anhaltspunkte über den politisch engagierten Menschen Büchner ermittelt. Es kann dabei festgehalten werden: Zeitpunkt und Ort des Geschehens, der revolutionäre Aspekt, der zum Ausdruck kommt und verbunden damit die Bereitschaft zum Umsturz, die Büchner vonseiten der Staatsgewalt unterstellt wird. Nunmehr kann der „Landbote“ zum Thema gemacht werden.

❒ *Erstellen Sie eine Zusammenfassung der von Büchner im „Hessischen Landboten“ vertretenen Thesen.*

❒ *Untersuchen Sie den Aufbau des Textes, indem Sie ihn gliedern.*

❒ *Arbeiten Sie mithilfe von Arbeitsblatt 1 „Sprachliche Mittel und rhetorische Figuren im ‚Hessischen Landboten‘“ die sprachlichen Mittel heraus, mit denen Büchner seine Leser zu überzeugen versucht.*

Sprachliche Mittel und rhetorische Figuren im „Hessischen Landboten“		
Sprachliche Mittel/ rhetorische Figur	**Beispiel aus der Flugschrift**	**Aussagefunktion/ Intention der Verfasser**
Modus	**Konjunktiv:** „Im Jahre 1834 siehet es so aus, als würde [...]“ (S. 55, Z. 7) **Indikativ:** „Das Leben der Vornehmen ist ein langer Sonntag“ (S. 55, Z. 12) **Imperativ:** „Seht nun, was man in dem Großherzogtum [...], seht nun, was man [...]“ (S. 57, Z. 8f.)	**Konjunktiv:** Da die Autorität der Bibel nicht angezweifelt werden kann, muss an der Wirklichkeit etwas faul sein. **Indikativ:** Beschreibung des „Ist“-Zustandes der Gesellschaft. **Imperativ:** Fordert zur Erkenntnis und Veränderung des Ist-Zustandes auf.
Antithese	Gegensatz: Langer Sonntag, langer Werktag (S. 55, Z. 13/20) Herren in Fräcken, Volk nackt (S. 58, Z. 33f.) Leichenfeld/Paradies (S. 61, Z.10f.)	Gegensatz zwischen Arm und Reich wird vertieft.
Aufzählung/ Reihung	„Staatsräte und Regierungsräte, Landräte und Kreisräte, Geistliche Räte und Schulräte, Finanzräte und Forsträte [...]“ (S. 57, Z. 21ff.)	Die Vielzahl der Beamten und die Überflüssigkeit des Beamtenapparates werden verdeutlicht.
Wiederholung	Volk als Herde, Ackergäule (S. 57, Z. 12) „Wahrheit“ wird immer in Verbindung mit dem Staat problematisiert (S. 54, Z. 25ff.; S. 60, Z. 5/15)	Intensivierung, Vertiefung, Einhämmern der Thesen
Bilder (Metapher, Personifikation) Vergleich	„Das Volk aber liegt vor ihnen wie Dünger auf dem Acker“ (S. 55, Z. 15f.) „Die Justiz ist seit Jahrhunderten die Hure der deutschen Fürsten“ (S. 58, Z. 6f.) „wie man ein Vieh schont, [...]“ (S. 58, Z. 38)	Bildlichkeit spricht die einfache Bevölkerung an, da die Bilder und Vergleiche der bäuerlichen Lebenswelt entnommen sind. Anhand ihrer alltäglichen Erfahrung wird die Unterdrückung verdeutlicht.
Anapher	„Seht nun, [...], seht“ (S. 57, Z. 8f.) „Klagt einmal, [...], klagt [...], klagt [...]“ (S. 58, Z. 17ff.) „Denkt an das Stempelpapier, denkt an euer Bücken [...]. Denkt an [...]“ (S. 58, Z. 9–11)	Erhöhung der Eindringlichkeit
Parallelismus	Friede den Hütten, Krieg den Palästen (S. 55, Z. 6)	Durch den parallelen Bau gleicher syntaktischer Fügungen gewinnt das Gesagte einen schlagwortartigen Charakter
Klimax, Antiklimax	„An 700000 Menschen schwitzen, stöhnen und hungern dafür“ (S. 55, Z. 33f.)	Durch die dreigliedrige Steigerung erhöht sich die Eindringlichkeit des Gesagten.
Rhetorische Fragen	„Wo sind die Gerichtshöfe, die eure Klage annähmen, wo die Richter, die Recht sprächen?“ (S. 58, Z. 21f.)	Die Frage impliziert die Antwort, dass es Gerichtshöfe, die für die Armen Partei ergreifen, nicht gibt.

Sprachliche Mittel und rhetorische Figuren im „Hessischen Landboten“

Sprachliche Mittel/ rhetorische Figur	Beispiel aus der Flugschrift	Aussagefunktion/ Intention der Verfasser
Modus		
Antithese		
Aufzählung – Reihung		
Wieder-holung		
Bilder (Metapher, Personifikation) Vergleich		
Anapher		
Parallelis-mus		
Klimax, Antiklimax		
Rhetorische Fragen		

❒ *Arbeiten Sie mithilfe des vorliegenden Arbeitsblattes die sprachlichen Mittel heraus, mit denen Büchner seinen Leser zu überzeugen versucht, und erläutern Sie deren Funktion.*

Die Textarbeit zur Gliederung kann im folgenden Tafelbild zusammengefasst werden und wird anschließend im Zusammenhang mit den Ergebnissen des Arbeitsblattes 1 „Sprachliche Mittel und rhetorische Figuren im ‚Hessischen Landboten'" besprochen:

Der „Hessische Landbote" – Textaufbau

Autorität durch die Absenderwahl: Darmstadt

1. Warnung an den Leser (S. 54, Z. 25–S. 55, Z. 5)
2. Aufruf zum Widerstand: „Friede den Hütten, Krieg den Palästen"; Autorität vermittelnde Argumentation mithilfe der Glaubenswelt: Bibel (S. 55, Z. 6–Z. 22)
3. Autorität vermittelnde Argumentation mithilfe der Vernunftwelt: Zahlen der Statistik (S. 55, Z. 23–S. 57, Z. 14)
4. Detailanalyse im Stil eines Frage- und Antwortspieles (S. 57, Z. 15)
5. Aufruf zum Widerstand, Schlussfolgerung, Urteilsspruch über die weltliche durch die göttliche Autorität (S. 59, Z. 28–S. 61, Z. 24)

Die Ortsangabe zu Beginn werden die Schülerinnen und Schüler wohl überlesen haben, ist aber interpretationswürdig und sollte von der Lehrperson zum Thema gemacht werden.

Darmstadt war Residenzstadt, und von hier ausgehende Schriften hatten in der Regel autoritativen Charakter. Der „Hessische Landbote", so überschrieben, konnte demnach auf den ersten Blick als Gesetzesschrift missverstanden werden. Dadurch, dass des Weiteren von der „Erste[n] Botschaft" die Rede ist, wird suggeriert, dass es sich hier um ein kontinuierlich erscheinendes Organ handelt. Die nachfolgende Warnung, die im Übrigen – genauso wie der Schluss des Landboten – von Weidig, mit dessen Hilfe Büchner die Schrift publizierte, verfasst wurde und die in der Neuauflage fehlte, stellt nun gleich klar, dass es ein gefährliches Unterfangen ist, diese Schrift zu lesen, weil sie missliebige Verhältnisse anprangert. Der zwischen Ortsangabe und Warnhinweis offensichtlich zutage tretende Widerspruch kann das Interesse wecken zu erfahren, worum es sich bei dieser Schrift handelt. Zum weiteren Gliederungsschritt gerät der Bibelvergleich, das Arbeiten mit Bildern aus der heiligen Schrift, die dem Volk geläufig und wahrhaftig sind. In Gegenüberstellung zu den gleichnishaften Bildern sind die realen Verhältnisse beschrieben, die damit als der Bibel zuwiderlaufende dokumentiert werden. Diesen Schluss zu ziehen ist allerdings der Leser aufgefordert, da das Gesagte konjunktivisch ausgelegt ist. „Im Jahr 1834 siehet es aus, als würde die Bibel Lügen gestraft. Es siehet so aus, als hätte Gott die Bauern und Handwerker am fünften Tage, und die Fürsten und Vornehmen am sechsten gemacht" (S. 55, Z. 7ff.). Wenn die Bibel aber die Wahrheit spricht, sind die Verhältnisse und die Verantwortlichen anzuklagen und ist die über den Konjunktiv notwendige Konklusion nahezu zwangsläufig und im Sinne des Autors zu ziehen. Die Bibel, die ansonsten von interessierten Kirchenfürsten eher zur Aufrechterhaltung der weltlichen Macht und Ordnung herangezogen wird, wird nun für die Interessen des Volkes eingesetzt.

Der „Bote“ nutzt ein weiteres Überzeugungsinstrument, um das eigene Wort zu stützen: Die Evidenz der Zahl im Feld der Statistik, die dem Lesenden unbezweifelbare Fakten vorführt. Der Leser kann sich nicht nur ein Bild von der Lage machen, sondern auch explizit die Ungleichverteilung von Vermögenslagen und Geldausgaben nachrechnen. Glaube und Vernunft stützen sich so wechselseitig. Dieses Zahlenwerk wird in einem nächsten Differenzierungsschritt in Einzelposten zerlegt. Dabei wird zu einer prägnant kurzen Fragestellung gleich die ausführliche Antwort geliefert, wobei im Zuge dieses Frage/Antwortspiels die soziale Ungerechtigkeit beispielhaft und detailgenau ausgeführt wird.

Zuletzt endet diese vergleichende Aufrechnung in einem Appell zum Umsturz, indem die höhere Macht noch einmal zum Fürsprecher der Volksinteressen erhoben wird, um deutlich zu machen, dass der Aufstand gegen die weltliche Macht von der göttlichen Macht gebilligt wird. So endet der Appell auch folgerichtig mit der allgemeinen Gebetsschlussformel „Amen“.

Mit dem Aufruf zum Umsturz erhält zugleich die gesamte Ausführung der Verhältnisse einen Rahmenbau, da die eigentliche Argumentation mit den Worten beginnt: „Friede den Hütten/Krieg den Palästen“. Dies aber war der Wahlspruch des Französischen Revolutionsheeres und so ist darin implizit schon eine Aufforderung zur Volkserhebung verborgen. Und auch in dieser Formel ist die Gegenüberstellung genutzt, wie sie fast die gesamte büchnerische Argumentationskette durchzieht.

Insgesamt wird so die Ungleichverteilung im Staat, der eigentlich die Gesamtheit der Bürger umfasst, angeprangert, in dem die Mehrheit das Geld verdient, das eine kleine Minderheit mit vollen Händen ausgibt. Das Volk wird, wie Büchner sagt, gemolken durch seine „Schinder“ (vgl. S. 57, Z. 24f.). Zugleich wird deutlich gemacht, dass Gesetze nicht dem einfachen Menschen dienen, sondern Gewalt am Volk ausüben. Einer solchen Gewaltherrschaft, die kein Interesse an für das Volk positiven Veränderungen hat, kann auch nur mit Gewalt begegnet werden. Vertieft werden die vertretenen Ansichten – auch mit Rückbezug auf die Briefe – auf folgende Weise:

- *Erstellen Sie mit Ihren bisherigen Kenntnissen über Büchners politisches und Menschen-Bild ein „Gutachten“, das den Menschen Büchner sowie dessen Gesellschaftsbild beschreibt. Leiten Sie aus Ihren Ergebnissen ein abschließendes Urteil ab.*
- *Führen Sie – nach Kenntnis der gesellschaftlichen Rahmenbedingungen und Büchners Stellung dazu – eine Pro- und Kontra-Debatte und sammeln Sie entweder als Fürsprecher Gründe, die das Handeln Büchners zu rechtfertigen suchen, oder Gründe, die die Gesellschaftsstruktur und das Handeln der politisch Verantwortlichen legitimieren. Versuchen Sie bei der Ausarbeitung Ihrer Argumentationskette gleich mögliche Gegengründe Ihrer späteren Kontrahenten mitzubedenken, damit Sie in der Diskussion auch auf Argumente der Gegenseite vorbereitet sind.*

Diese Gegenüberstellung von Pro und Kontra wird ein differenziertes Gesellschaftsbild entwerfen, da es nicht allein genügt, Schlagworte zu formulieren, sondern diese sind auch mit Argumenten zu stützen. Zur Grundlage der Erarbeitung können die weiteren Texte des Kapitels „Unruhige Zeiten, historischer Hintergrund“ (Textausgabe S. 65ff.) herangezogen werden. Während das „Gutachten“ in Einzelarbeit erarbeitet werden sollte, kann in Gruppenarbeit eine gemeinsame, aufeinander abgestimmte Argumentationsstruktur erstellt und vom Kurs, aufgeteilt in das Lager der Fürsprecher und der die Gegenrede Führenden, vertreten werden. Auch ist es möglich, dass die gemeinsame Argumentationslinie von zwei Gruppensprecherinnen und -sprechern in Rede und Widerrede dargelegt werden. Der Brückenschlag zur Gegenwart ist von hier aus zu leisten: Wie sähe es heute aus, wenn ein Büchner seine Thesen auf aktuelle Missstände bezogen in aktualisierter Form artikulierte und veräußerte? Gerade den letzten beiden Arbeitsaufgaben ist diese Fragestellung immament. Eine solche sollte aber nicht ausgeklammert werden, denn es fällt leicht, Büchner heute zuzustimmen und Empörung zu äußern, da wir in der Rückschau zu Recht das Handeln der Herrschenden als unbotmäßig und das Handeln Büchners und das seiner Mitstreiter als gerechtfertigt qualifizieren können. In einer abschließenden Erörterung sollte daher im Unterrichtsgespräch dieser Punkt explizit angesprochen werden, ob nämlich die geäußerte, zur Gewalt auffordernde Anlage des Landboten nicht heute ganz ähnlich geahndet würde.

Diese Diskussion kann man in Szene setzen, indem als provokativer Impuls an die Tafel der Satz geschrieben wird: „Recht besehen war Büchner doch nichts anders als ein der Gewalt zusprechender Terrorist!“ Ergänzend kann folgende Hausarbeit in Auftrag gegeben werden:

- *Erörtern Sie, ob Büchners Handeln – gemessen an heutigen Maßstäben, wie politische Auseinandersetzungen geführt werden sollten – zu verantworten ist.*

2.4 ❒ Pauperismus – Szenen 4, 5, 8, 15, 17

Vor dem Hintergrund der Überflussgesellschaft, in der wir leben, ist wirkliche Armut für die meisten Schülerinnen und Schüler wohl kaum vorstellbar. Umso dringlicher scheint es, das später im Drama hierzu Gesagte zumindest im Ansatz vor Augen zu führen. Dies kann über die nachfolgenden Textauszüge geschehen, die eine Aktualisierung nahe legen, wenn an die Verhältnisse nicht nur in der dritten Welt gedacht wird. „Woyzeck, Tragödie eines Paupers“, so überschreibt Alfons Glück einen Aufsatz zum Theaterstück. Was ist das überhaupt – Pauperismus? Die Textausschnitte ermöglichen eine erste Definition und zeigen, wie menschenunwürdig das Leben des einfachen Volkes sein konnte und an was es ihm mangelte. Vertiefend ist es nützlich, ein Referat zum „Pauperismus“ zu vergeben.

Texte zum Quellenstudium bieten der Reclamband „Der deutsche Vormärz“, dem der nachstehende Artikel in Auszügen entnommen ist, oder auch der Artikel „Pauperismus“ in dem „Woyzeck“-Band von Albert Meier (siehe Literaturverzeichnis). Angesprochen ist auch hier schon die Aktualisierung. Eine solche ist – aus unterrichtsökonomischen Gründen – ebenfalls am besten über ein Referat zu leisten. Erste Anregungen bietet hier der Text „Immer zu – Immer zu – Immer zu ...“ auf den Seiten 106–108 der Textausgabe.

„Pauperismus“

Ernst Dronke: Elendsviertel in Berlin (1846)

Die Kinder werden, sobald sie im Mindesten die Kraft haben, in die Fabriken geschickt. Hier bleiben sie von morgens 5 bis abends 9 Uhr [...]. Nicht nur, dass sie physisch bei der anstrengenden Arbeit verkommen, wie solches der bei ihnen einheimische Lungenhusten, die gebückte Körperhaltung und die krummen Beine beweisen; auch moralisch werden sie durch dies Leben in jeder Weise abgestumpft und vernichtet. In den Bleiweißfabriken unter andern werden sie durch das Einatmen der giftigen Dünste total ruiniert, [...]. Und doch senden die Mütter ihre Kinder hierher, obwohl sie wissen, dass die Kinder einem sicheren Tode entgegengehen. Vielleicht grade, weil sie es wissen. Die Kinder sind ihnen zur Last und das Elend raubt ihnen jedes menschliche Gefühl; zudem hat ja die wohlanständige Gesellschaft diese Fabriken gegründet und es kann in den Augen derselben wohl kein Verbrechen sein, wenn man Kinder dorthin schickt. Es kömmt aber nicht selten vor, dass sich Eltern ihrer Kindern „entledigen“; sie haben ihnen keine Nahrung zu geben, sie nähren sich oft selbst nur durch Abnagen der Knochen, welche sie vor den Wassersteinen der Küchen finden, was sollen sie mit Kindern machen? Auch gehören hier alle vorzugsweise genannte Kindermorde: Wenn junge Mütter ihr Neugeborenes umbringen, weil sie nicht wissen, wie sie es ernähren sollen. Die Berliner Zeitungen bringen nicht selten die Nachricht, dass man in Kloaken solche Gebeine gefunden hat. – Das Hauptproletariat solcher Familien findet man in entlegenen Gassen und Stadtteilen, so genannten „schlechten Vierteln“. [...] Mitten unter den elenden Hütten stehen einzelne große Häuser, [...], in welchem sich zusammen 2500 Menschen in 400 Gemächern befinden. [...] Die Stuben sind [...] im Allgemeinen klein und regelmäßig; dennoch aber wohnen in vielen solcher Stuben zwei Familien beisammen. Ein Seil, quer durch die Stube gezogen, trennt die beiden Inwohner. [...] Große Familien werden [...] nicht geduldet; es sind meist einzelne hülflose Arme, teils Familien von 3 bis 4 Personen. [...] Die meisten wenden sich um Unterstützung an die Armendirektion. [...] [E]s ist öfters bei jungen Familienmüttern vorgekommen, dass die Armendirektion vor der Unterstützung untersuchte, ob die Unglückliche nicht etwa noch *Muttermilch* habe! [...] Leute unter 60 Jahren erhalten von der Armendirektion fast nie Unterstützung.

Zitiert nach: Jost Hermann (Hg.): Der deutsche Vormärz, Stuttgart: Reclam 1985, S. 201–204

Pauperismus

Wer auf dem Land keine Arbeit und Nahrung fand, wanderte in die Städte ab um die dort bereits vorhandenen Elendsmassen zu vergrößern. Die Handwerkerschaft hatte unter diesen Verelendungstendenzen ganz besonders zu leiden, denn durch die preußischen und rheinbündischen Reformen waren die Regulierungsmechanismen der Zünfte beseitigt worden, mit der Folge, dass das Handwerk in kürzester Zeit überbesetzt war und immer mehr Gesellen und Lehrlinge arbeitslos wurden. Man nannte diese massenhafte Verelendung „Pauperismus“ und war ratlos, wie ihr zu begegnen sei.

In: Hagen Schulze: Kleine deutsche Geschichte. München: dtv 1998, S. 80

1. *Stellen Sie die Lebensverhältnisse des gemeinen Volkes in Stichpunkten heraus.*

2. *Formulieren Sie mit eigenen Worten: Was versteht man unter Pauperismus und welche Umstände sind ursächlich verantwortlich dafür?*

Um die gesellschaftlichen Rahmenbedingungen umfassend nachzuzeichnen, ist zur Lektüre für die Schülerinnen und Schüler der Text von Hans Magnus Enzensberger (Textausgabe S. 67–70) angeraten.
Die „Pauper“ Woyzeck und Marie sollen nunmehr auf ihre soziale Stellung hin überprüft werden, indem ihre Habseligkeiten summarisch dargelegt werden. Angegeben werden hierzu die Szenen, die zur Überprüfung anstehen.

- *Woyzeck und Marie sind Angehörige des einfachen Volkes. Als solche sind ihre Mittel beschränkt. Überprüfen Sie die Szenen (4, 5, 8, 15, 17) daraufhin, was sie über Einkommen und Besitzstand aussagen.*

Szene 4, Kammer. Allein ein „Stückchen Spiegel“ – so steht es in der Regieanweisung auf Seite 10 – ist es, in dem Marie sich anschaut. Viel mehr kommt nicht hinzu, wie sie auf der folgenden Seite in Zeile 7f. bemerkt: „ein Eckchen in der Welt und ein Stückchen Spiegel“, das wohl nur eine Scherbe ist. Woyzeck bestätigt den allgegenwärtigen Mangel in Zeile 26f., wenn er sagt: „alles Arbeit unter der Sonn, sogar Schweiß im Schlaf. Wir arme Leut!“ Die Hoffnungslosigkeit kommt hier zum Ausdruck. Was bleibt, ist allein Arbeit, ohne Aussicht auf große Veränderung, denn selbst im Schlaf ist die Arbeit noch allgegenwärtig.

Szene 5, Der Hauptmann. Woyzeck. „Geld, Geld. Wer kein Geld hat“ (S. 13, Z. 8f.), sagt Woyzeck und beschreibt dem Hauptmann seine Situation, als ihm mangelnde Moral vorgeworfen wird, und wenig später macht er deutlich, dass er nichts von dem besitzt, was einem Herrn selbstverständlich ist (Hut, Uhr, Anglaise, Z. 26).

Szene 8, Beim Doktor (S. 15, Z. 10f.): Woyzeck verdingt sich bei den für ihn ruinösen Experimenten für „2 Groschen“, was nach heutigen Maßstäben ca. 7 deutsche Mark (vgl. Glück 1990, S. 185) ausmacht, also eine unverhältnismäßig geringe Summe.

Szene 15, Kramladen (S. 23, Z. 11–20): Für den geplanten Mord kann sich Woyzeck keine Pistole leisten, sondern das schwer verdiente Geld reicht allein für ein Messer mit beschädigtem Griff aus – und hier kehren die zwei Groschen wieder –, das er allerdings nunmehr – mit Blick auf seinen verhängnisvollen Entschluss, der eine Zukunft ausschließt – leicht aus der Hand geben kann.

Szene 17, Kaserne (S. 24, Z. 16–20): Als Woyzeck Andres sein Hab und Gut zum Geschenk machen will, sind es ein Unterhemd (Kamisolche), ein Kreuz seiner Schwester sowie ein Ringlein, das er weitergeben kann. Mehr hat er im Laufe seines 30-jährigen Lebens, bedingt durch die Umstände, trotz aller betriebsamen „Hetze“ nicht zusammenzutragen vermocht. Und natürlich zeigt sich die Armut auch bei Andres, dem die bescheidenen Habseligkeiten noch von Wert sind, sonst würden sie ihm nicht angeboten.

2.5 Verhältnis: Tambourmajor / Marie / Woyzeck – Szene 2, 3, 4, 11, 14

Die Armut ist allgegenwärtig und ihr ist nicht auszuweichen. Trotzdem existieren berechtigte Ansprüche an das bescheidene Leben. So wird zu überprüfen sein, warum Marie zunehmend Abstand von Woyzeck nimmt und weshalb der Tambourmajor für sie interessant werden kann, um dem eigenen tristen Leben etwas Farbe zu verleihen. Zugleich ist zu erschließen, warum Woyzeck sich gegenüber dem Tambourmajor nicht behaupten kann und chancenlos ist.

Mit dem Tambourmajor ist für die Schülerinnen und Schüler häufig ein Missverständnis verbunden, das im Vorfeld der Interpretationsleistungen geklärt werden sollte. Er wird in der Regel als Offizier und dem Hauptmann als „Major" sogar übergeordnet gesehen. Dass es sich hier um einen Menschen vom gleichen Stand wie Woyzeck handelt, der im Range eines Unteroffiziers Repräsentationsaufgaben wahrnimmt, sollte unbedingt erläutert werden.

Er ist Woyzeck gegenüber zwar besser gestellt, was aber in erster Linie seinen stattlichen äußeren Attributen zu verdanken ist, die ihn die Funktionen des Parade-„Majors" adäquat ausfüllen und besser leben lassen. Da er aufgrund dieser Funktion materiell abgesichert ist, besitzt er für Marie, die sich von materiellen, nicht nur dem Lebenserhalt dienenden Gütern angezogen fühlt, allein deshalb schon eine gewisse Anziehungskraft. Sie würde gerne einen Minimalluxus leben, wenn es die Umstände nur zuließen. Woyzeck ist trotz seiner mannigfaltigen Tätigkeiten nicht dazu in der Lage, diesen Wunsch zu erfüllen. Untauglich erweist er sich auch darin, Maries Lebenslust und Lusterfüllung zu dienen, da er weder Zeit für große Unternehmungen hat noch die Kraft, dem Trieb Erfüllung zu bieten. Der Tambourmajor steht im vollen Leben, während Woyzeck überdies zunehmend geistig abwesend wirkt.

❐ *Untersuchen Sie anhand der Szenen 2, 3, 4, 11, 14, welche Wünsche Marie leiten, und überprüfen Sie, inwiefern der Tambourmajor diesen Wunschvorstellungen nahe kommt und Woyzeck nicht.*

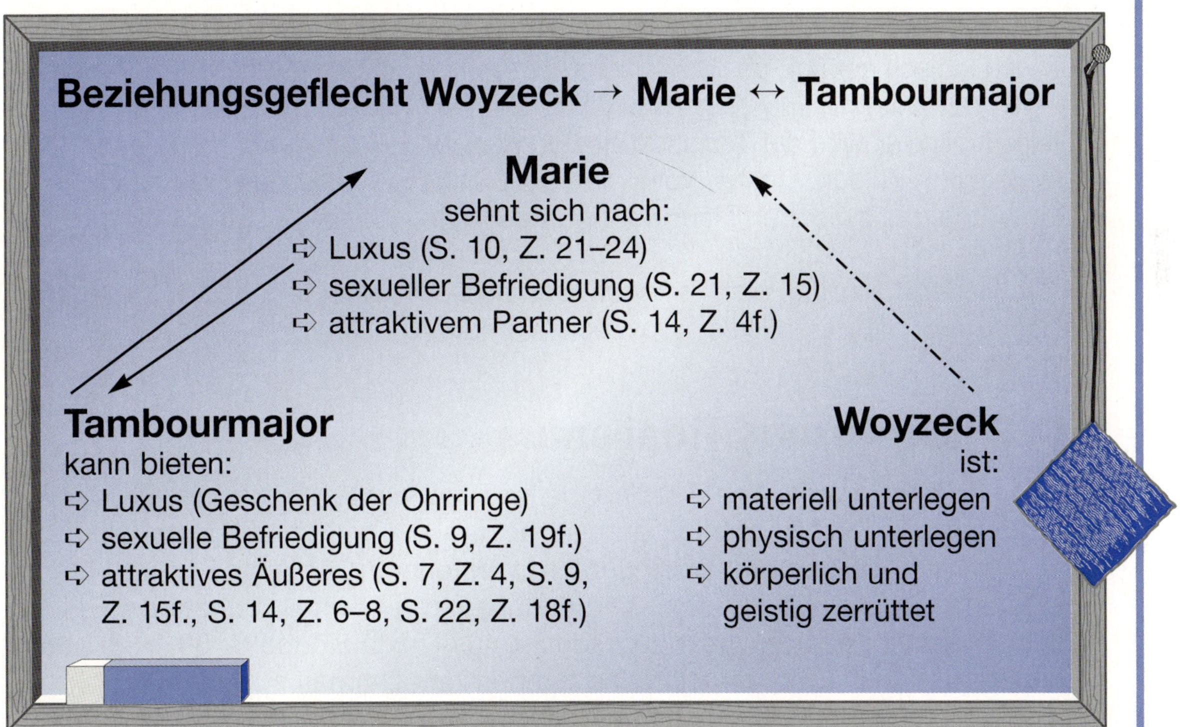

Zwischen dem Tambourmajor und Marie besteht ein wechselseitiges Verhältnis, weil der eine dem anderen das bieten kann, was zur Befriedigung der eigenen Bedürfnisse unverzichtbar ist. Woyzeck dagegen sieht seine Liebe und Zuneigung zunehmend uneingelöst. Die Gegenüberstellung von Woyzeck und Tambourmajor veranschaulicht den Schülern, dass Woyzeck in keiner Weise in der Lage ist, dem Wunschdenken Maries zu entsprechen. Die Armut erfordert zumindest körperliche Unversehrtheit, um sich unter Gleichgestellten behaupten zu können. Diese ist Woyzeck genommen, womit er zugleich seine letzte Attraktivität für Marie einbüßt.

Bau- 3 stein

Wegweisende Richtungen: Das Ideal und die Moral

Thematischer Schwerpunkt in diesem Baustein ist die Auseinandersetzung mit den Personen Hauptmann und Doktor, die jeweils für sich gesellschaftliche und für Büchner kritikwürdige Positionen vertreten. Ihre scheinbar idealistisch geprägte Gedankenwelt hat für den einfachen Soldaten und Friseur Woyzeck fatale Folgen. Daher werden Doktor und Hauptmann in diesem Baustein zentral auf das idealistische Denken bezogen und analysiert.

Dazu wird im Wesentlichen auf Folgendes Bezug genommen:

- Szene 5 „Der Hauptmann. Woyzeck“, in der das Verhältnis Woyzeck/Hauptmann beleuchtet wird und die Person des Hauptmanns auf ihre gesellschaftliche Stellung befragt werden kann.
- Die den Hauptmann umfangende Langeweile wird thematisiert, die zum einen mit seiner fortschreitenden Funktionslosigkeit zu tun hat, zum anderen aber mit der Zeitströmung des Nihilismus zu Beginn des 19. Jahrhunderts, die von Büchner – eingefangen im Hauptmann – dargestellt wird.
- Bezug genommen wird des Weiteren auf die Szene 8 „Beim Doktor“, Szene 18 „Der Hof des Doktors“ und auf die ihn auszeichnende Ideenwelt, in der er der Freiheit des Geistes und der Freiheit der Wissenschaft das Wort redet.
- Es wird kritisch gefragt, ob das Zeitalter der Aufklärung den aufgeklärten Menschen hervorgebracht hat, und das Verhältnis zwischen Wissenschaft und Ethik wird reflektiert. Hierbei wird auf Textauszüge von Kant und Rousseau Bezug genommen. Die Szene 3 „Buden, Lichter, Volk“ wird auf Einflüsse Rousseaus untersucht.
- Das Verhältnis zwischen Hauptmann und Doktor (Szene 9 „Strasse“) wird bearbeitet.
- Abschließend wird auf das Theaterwesen und eine entsprechende Theaterkritik abgehoben, mit deren Hilfe „Woyzeck“ vertiefend beleuchtet wird.

3.1 ❒ Idealismus/Realismus

Im Rahmen der kommenden Auseinandersetzung werden immer wieder die Begriffe Idealismus und Realismus angesprochen und wie selbstverständlich benutzt. Was aber ist darunter überhaupt zu verstehen? Darum soll es im Folgenden gehen. Ergänzend zu dem Vorgehen kann ein entsprechendes Referat vergeben werden, das den Text zum Idealismus (Textausgabe S. 83 – 88) aufarbeitet. Dieser Einstieg in die zentralen Szenen des Dramas zwecks Klärung von Begrifflichkeiten ist im Falle eines ausreichenden Zeitbudgets vorgeschlagen. Er kann aber auch übersprungen oder später – mit dem Bewusstsein um die mit Hauptmann und Doktor verbundene Problematik – nachgeholt werden.

Ein jeder benutzt die Begrifflichkeiten „Idee“, „Ideal“, „ideell“, „Realität“ oder auch „real“. Auch der Gedanke der „Materie“ ist schnell formuliert, und dass jemand „materiell“ denkt, lenkt den Blick auf die so eingestellte Person, aber nicht auf den so „gewöhnlichen“ Begriff. Meistens wird im Gebrauch nicht allzu viel Aufhebens um die gewählten Begriffe gemacht. Zu selbstverständlich sind sie uns geworden. Gerade deswegen sollen sie im Folgenden in den Blickpunkt gerückt werden um deutlich werden zu lassen, welcher bedeutsame Ideen-Horizont sich dahinter verbirgt.

An folgendes Vorgehen, bei dem jede Einzelphase zwischen 5 und 10 Minuten dauern kann, ist zum Zwecke einer ersten Klärung hier gedacht.

1. In Stillarbeit soll ein jeder Schüler auf drei Blättern sich zu den begonnenen Sätzen eigene Gedanken machen, die in Stichpunkten notiert werden.

Idealismus	
Beispiele hierfür sind ...	
Idealismus ist ...	
Idealismus finde ich ...	
Realismus	
Beispiele hierfür sind ...	
Realismus ist ...	
Realismus finde ich ...	
Materialismus	
Beispiele hierfür sind ...	
Materialismus ist ...	
Materialismus finde ich ...	

2. In einem zweiten Schritt wird in Partnerarbeit das Gedankengut einander vorgestellt und miteinander verglichen.

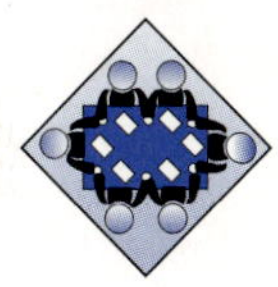

3. In einer dritten Phase wiederum werden jeweils zwei Paare in eine Kleingruppe zusammengeführt. Hier ist es nun Aufgabe, die Sammlungen miteinander abzugleichen und Definitionen zu den genannten Punkten zusammenzuführen. Im Anschluss werden im Plenum die Arbeitsergebnisse vorgestellt und es wird ein gemeinschaftlicher Abgleich gesucht.

Die Sammlung soll als Grundlage dienen, einen vertiefenden Zugang zu den Begrifflichkeiten zu erlangen. Allgemeine alltagswissenschaftliche Definitionen zu Idealismus, Realismus oder Materialismus mögen sich aus dem Niedergelegten erschließen. Auch kann sich so herauskristallisieren, welcher Richtung man den Vorzug geben möchte, und eine wünschenswerte, auf eigenen Erfahrungen gründende Diskussion kann sich daraus entspinnen.

- Die Fokussierung bestimmter Ideale ist verbunden mit Zukunftsträumen. Zur Erreichung derselben ist mitunter ein gewisses Maß an Opferbereitschaft notwendig, doch für das gewählte Ziel wird das Opfer hingenommen. Wer wollte gegen Ziele, die der Mensch nötig hat, auch etwas einzuwenden haben, wenn er mit Blick auf die Zukunft sein Handeln ausrichtet?
- Wer andererseits Realitätssinn beweist, bleibt auf dem Boden der Tatsachen und setzt sich mit den Dingen auseinander und nicht – vielleicht unzulässigerweise – über sie hinweg. Auch hier ist also durchaus Positives zu vermelden.
- Der Materialismus hingegen scheint gesellschaftlich eher negativ konnotiert, wenngleich ... gegen das recht existentielle Dach über dem Kopf und das gute Essen hier und da und auch gegen das ein oder andere (kleine) Luxusgut – der Mensch lebt nicht vom Brot allein – dürfte doch sicher nichts einzuwenden sein. Mehr oder weniger ist demnach ein jeder immer auch materiell eingestellt.

Hier wird schon deutlich. Der Mensch ist immer in gewissen Ideen befangen, macht sich Vorstellungen über die Realität und ist materiell eingestellt. Die

Schwerpunkte sind nur bei jedem Einzelnen anders gelagert. Vielleicht kann aus dem persönlichen Erfahrungsaustausch schon abgeleitet werden, dass es bei Verabsolutierung einer Richtung fast immer zur problematischen Vernachlässigung der anderen kommt. Diese Erkenntnis ist wichtig und im weiteren Verlauf im Blick zu behalten, da nachfolgend Idealismus und Materialismus als im Grunde sich gegenseitig ausschließende Richtungen erscheinen. Aus dem Ausschließlichkeitsanspruch ergibt sich Fragwürdiges, nicht aus der Ideenrichtung generell, die vieles für sich haben kann.

Gefragt werden mag an dieser Stelle schließlich auch, wie wir überhaupt zu unseren Vorstellungen und deren Gewichtung kommen. Sind sie alleinige Erfahrungssache und persönlich motiviert? Welche Rolle spielt das soziale Umfeld? Wie gehen wir damit um, wenn wir unseren Vorstellungen nicht gerecht werden oder wenn wir denen der anderen nicht genügen?

Mit der Thematisierung der persönlichen Wertvorstellungen der Schülerinnen und Schüler können nun unsere Protagonisten nach ihren Wertvorstellungen und den damit verbundenen Folgen befragt werden.

3.2 ❒ Die traditionelle Ordnung – Szene 5: Der Hauptmann. Woyzeck

Die traditionelle, feudal geregelte Ordnung im „Woyzeck“ ist in der Auflösung begriffen und zeigt sich repräsentiert in der Person des Hauptmanns. Die Szene 5 „Der Hauptmann. Woyzeck“ spiegelt anschaulich die Problematik des mit Machtfülle ausgestatteten Adels einerseits und dessen Funktionslosigkeit andererseits, der dieser zunehmend ausgesetzt ist. Beides soll den Schülerinnen und Schülern dokumentiert werden.

Vorüberlegungen zur szenischen Interpretation

Zum Einstieg bietet es sich aus Gründen der Einfühlung und Anschaulichkeit an, sich zunächst einmal mithilfe des szenischen Spiels den Personen Hauptmann und Woyzeck zu nähern und so eine erste Problematisierung zu wagen. Ein Dramentext ist für die Bühne gemacht. Er bietet über die reinen Dialoge und einige wenige Regieanweisungen hinaus kaum Hinweise zu den Personen und Orten. Ein jeder Dramentext bietet somit viele Leerstellen, welche mit Fantasie und kreativem Gestaltungswillen ausgefüllt werden können.

Zur Umsetzung sollte eine Doppelstunde eingeplant werden. Innerhalb dieser Doppelstunde sind Phasen der Einzel-, Partner- und Gruppenarbeit sowie die Arbeit im Plenum vorgesehen. Das Arbeitsblatt 3 „Szenisches Spiel“ (S. 33) ist so angelegt, dass es selbsterklärend ist, sofern die Aufgaben sukzessiv abgearbeitet werden. Im Vorfeld kann aber das Arbeitsblatt im Plenum schon besprochen werden. So ist dort zum Beispiel auch die (Ver-)Kleidung erwähnt. Hier hilft ein Hinweis, dass Andeutungen und kleine Veränderungen häufig schon ausreichen, um verkleidet zu wirken. Ein Tuch in der Hand, das entsprechend bewegt wird, suggeriert Aristokratie, eine zugeknöpfte Jacke lässt schnell militärische Haltung bewahren. Auch sollte der Hinweis nicht fehlen, dass wenige, aber deutliche Gesten mehr sagen als viele nur angedeutete.

Szenisches Spiel

Aufgabe: *Setzen Sie die Szene 5 „Der Hauptmann. Woyzeck" szenisch um, sodass die Gefühlslagen und Motive der handelnden Personen deutlich werden und auch deren Beziehung zueinander zum Ausdruck kommt.*

1. Schritt: Fragen zur Rollenbiografie (10 min.):
Die Gruppe teilt sich auf in „Hauptmänner" und „Woyzecks", sodass jeder innerhalb der Gruppe eine der beiden Personen verkörpert. Die ganze Gruppe entwickelt anschließend Fragen zur Biografie, zum sozialen Umfeld, zur Arbeit, zum Selbstbild und so zu den Motiven des Handelns. So können sich die Darsteller, nach Beantwortung der Fragen, leichter mit den Personen identifizieren.

Biografie/Gesellschaftl. Stellung:	**Arbeitsalltag:**	**Selbstbild:**
• Welcher Schicht entstammen Sie? • Wie würden Sie Ihre finanziellen Verhältnisse beschreiben? • Wo wohnen Sie? • Haben Sie Kinder und Familie? ...	• Welchen Beruf bekleiden Sie? • Welche Aufgaben haben Sie zu erfüllen? • Wie sieht Ihr Tagesablauf aus? • Haben Sie Freunde im Berufsleben? ...	• Wie alt sind Sie? • Welche Gedanken beschäftigen Sie die meiste Zeit? • Wie treten Sie gegenüber anderen Menschen auf? • Welche Bedürfnisse oder Sorgen haben Sie? ...

2. Schritt: Rollenbiografie schreiben (15 min.)
Mit den gesammelten Fragen und dem Zusatzmaterial 3a oder 3b ziehen sich die Darsteller zurück und schreiben aus der Ich-Position ihre ganz persönliche Charakterrolle.

3. Schritt: Das Erproben der Rolle im Spiel mit dem Partner (20 min.)
Jeweils ein Hauptmann und ein Woyzeck setzen mit dem Text in der Hand die Szene um. Dabei müssen die Spielpartner Vorstellungen entwickeln und festlegen, welche Gegenstände für das Bühnenbild benötigt werden und wie ggf. die Kleidung herzurichten oder zu ergänzen ist, damit jeder der verkörperten Rolle entspricht.
Im Spiel selber ist dann das lebendige, ausdrucksstarke Spiel wichtiger als der getreue Wortlaut. Klammern Sie sich nicht an Formulierungen und Worte. Probieren Sie aber aus,
- welche Gestik und Mimik Ihrer Rolle entspricht,
- welche Körperhaltungen der Rollensituationen angemessen sind,
- die Art und Weise, wie die von Ihnen dargestellte Person sprechen mag.

4. Schritt: Das Spiel vor der Gruppe (20 min.):
Die fertigen Ergebnisse werden in einer Kleingruppe (ca. 6) vorgestellt. Dabei fungieren die jeweils übrigen Gruppenmitglieder als kritische Instanz, die Gelungenes herausstellt, aber ggf. auch Verbesserungen vorschlägt, die gleich ausprobiert werden können. So geht es reihum. In der Gruppe wird sodann entschieden, welche Partnerarbeit dem Plenum vorgespielt werden soll.

5. Schritt: Ergebnispräsentation im Plenum (25 min.):
Die ausgewählten Partnerarbeiten werden im Plenum vorgespielt. Dabei sollte das Spiel der anderen unter folgender Fragestellung betrachtet und später diskutiert werden:

❐ *Was wird Wesentliches über die Personen und ihre Beziehungen zum Ausdruck gebracht?*

Die Präsentation soll unter dem Blickwinkel der das Arbeitsblatt beschließenden Leitfrage erfolgen. Wie weit die diskutierten Ergebnisse auch gestreut sind: Sie dürften die Selbstgefälligkeit des Hauptmanns und die Ohnmacht Woyzecks herausstellen, die nichtssagende Geschwätzigkeit des einen und das Nach-Worten-Suchen des anderen. Abschließend sollen die Ergebnisse auf Gemeinsamkeiten und Unterschiede geprüft werden.

Zur Textarbeit

Diese erarbeiteten Haltungen, die im Großen und Ganzen schon einer Deutung entsprechen, werden über die Textarbeit genauer auf ihre Relevanz geprüft. Dabei können Ergebnisse der Textarbeit und Ergebnisse des szenischen Spiels aufeinander aufbauen. Die Reihenfolge der Bearbeitung der Arbeitsaufträge und Fragen sollte sich aus dem Unterrichtsgespräch ergeben.

- *Untersuchen Sie – anhand der Szene 5 auch unter Einbeziehung der Szenenanlage und Bühnenanweisung – das Verhältnis zwischen Hauptmann und Woyzeck. Berücksichtigen Sie dabei den Aufbau des Gesprächs. Zeigen Sie, ob und wie die beiden Protagonisten im Gespräch aufeinander eingehen.*

Die Fragestellung kann auch aufgeschlüsselt werden in folgende Teilfragen:

- *Womit sind Hauptmann und Woyzeck ganz konkret beschäftigt? Berücksichtigen Sie die Bühnenanweisung und die gesamte Szenenanlage. Was für ein Verhältnis kann man daraus ableiten?*
- *Halten Sie die Redeanteile mit Angabe von Seitenzahl und Zeilenangabe schriftlich fest. Lässt sich anhand der Redeanteile, unabhängig von dem, was gesagt wird, rein quantitativ das Verhältnis zwischen den beiden Protagonisten dokumentieren?*
- *Worüber redet der Hauptmann? Wie antwortet Woyzeck konkret auf die Anregungen des Hauptmannes? Halten Sie ihre Antworten in Stichpunkten fest.*

Szene 5: Szenenanlage und Bühnenanweisung

Hauptmann sitzend, wird bedient ➣ Vorgesetzter	Woyzeck stehend, rasiert (dient) ➣ Untergebener

Redeanteile

S. 12: Z. 2–8, Z. 10–18, Z. 20–23, Z. 25–27, Z. 29–36	**S. 12:** Z. 9, Z. 19, Z. 24, Z. 28
S. 13: Z. 5–7, Z. 14–22, Z. 30–35	**S. 13:** Z. 1–4, Z. 8–13, Z. 23–29
• S. 12: viele Redeanteile, Monolog • S. 13: ausgewogen, Dialog • führt insgesamt das Gespräch	• S. 12: wenig Redeanteile • S. 13: Anteile von der Quantität her ausgewogen

Redeinhalte

• Hauptmann redet über das Zuviel an Zeit, • über den Mangel an Beschäftigung und • über die Tugend/Moral, nach der er lebt, der Woyzeck nicht folgt	• anwortet stereotyp: „Jawohl“, • beklagt indirekt den Mangel an Zeit, • beklagt den Mangel an Geld, • verteidigt seinen „unmoralischen“ Lebenswandel

Die in Stillarbeit geleisteten Ergebnisse werden an der Tafel festgehalten. Mithilfe dieser an der Tafel gesammelten Ergebnisse sollten im Unterrichtsgespräch das komplementäre Verhältnis sowie die unterschiedlichen Lebenslagen deutlich werden.

Müßiggang und Langeweile auf der einen und Betriebsamkeit auf der anderen Seite zeichnen Hauptmann und Woyzeck aus. Schon die Bühnenanweisung macht dies deutlich: Der Hauptmann sitzt, während Woyzeck steht und ihn rasiert. Das Verhältnis zwischen Herr und Diener ist darin dokumentiert, zwei Welten, die sich unverbunden distanziert gegenüberstehen. Auf Seite 12 redet praktisch ausschließlich der Hauptmann. Er monologisiert und wird von Woyzeck nur durch ein gelegentliches „Jawohl, Herr Hauptmann" oder „Schlimm, Herr Hauptmann, schlimm" unterbrochen, so wie es der auf Befehl und Gehorsam beruhenden militärischen Stellung geboten ist. Woyzeck ist Füsilier, einfacher Soldat, und dem Hauptmann unterstellt. Es ist eine einseitige Kommunikation, die abläuft. Das Hierarchie- und Abhängigkeitsverhältnis ist somit allein schon durch die Verteilung der Gesprächsanteile dokumentiert. Dem Hauptmann sind Monologe aufgrund seiner Stellung geläufig und Woyzeck ist es gewohnt, nicht nur seinen Körper, sondern auch seinen Willen einer fremden Autorität zu unterstellen und zu gehorchen.
Auf Seite 13, beginnend bei Zeile 1, entwickelt sich allerdings ein Gespräch, wobei die Argumente Woyzecks den Hauptmann nicht erreichen.

❐ *Mit welchen Argumenten verteidigt Woyzeck seinen vom Hauptmann beklagten „unmoralischen" Lebenswandel?*

Schon das Tafelbild mit dem Hinweis auf die Redeanteile von Woyzeck kann Aufschluss geben, da der Mangel an Zeit, der unausgesprochen im eilfertigen Handeln Woyzecks deutlich wird, und der Mangel an Geld von den Schülerinnen und Schülern genannt sein dürfte. Diese Stichworte werden zurückgeführt auf die gesellschaftliche Stellung, in der Woyzeck steht. Ihn leiten „materiell" bedingte Armut und soziale Not und er ist gezwungen in hektischer Betriebsamkeit zu verbleiben. Tugend, bringt Woyzeck zum Ausdruck, das muss man sich leisten können: „Es muss was Schönes sein um die Tugend, Herr Hauptmann. Aber ich bin ein armer Kerl" (S. 13, Z. 28f.). Darüber hinaus erinnert Woyzeck an die menschliche Natur und das Bedürfnis, ihr nachzugeben. Sollte die Abhängigkeit zum Körper nicht schon explizit von Schülerseite formuliert worden sein, ist auch diese mit Hinweis der entsprechenden Zeilen zu erarbeiten und im Hinblick auf den menschlichen Trieb zu verallgemeinern (S. 13, Z. 8–13). In Rückerinnerung zum Einstieg des Bausteins, bei dem die Begrifflichkeiten Idealismus, Materialismus präzisiert und geklärt werden, dürfte die grundsätzlich materialistische Position Woyzecks, seine Determiniertheit, deutlich werden.

Die Abhängigkeiten und Sichtweisen Woyzecks sollen im Sinne des folgenden Tafelbildes festgehalten und um die Ansprüche des Hauptmanns in Gegenüberstellung ergänzt werden.

Der Hauptmann kann tugendhaft sein, weil ihm seine sozial abgesicherte Stellung ein tugendhaftes Leben erst ermöglicht. Der Hauptmann ist „idealistisch" geprägt. Das „Ideal" des Hauptmanns, das er proklamiert, liegt im moralischen Lebenswandel und ist damit zugleich in der Körperdisziplinierung zu sehen. Es gilt, den Sexualtrieb zu bekämpfen, um dem Ideal der Moral zu genügen. Darin tritt das Prinzip der Körperdisziplinierung zutage, dem sich Woyzeck umgekehrt nicht nur aus der Perspektive der Moral umfassend zu unterwerfen hat: Befehl und Gehorsam (das stereotype „Jawohl" Woyzecks ist Ausdruck dessen) ist hier geboten, der Tag ist – für die Untergebenen – streng zeitlich gerastert (Appell,

Wache schieben, Exerzieren ...). Der menschliche Wille wird dem eines anderen unterstellt und der bedingte Körper einem unbedingten Willen unterworfen.

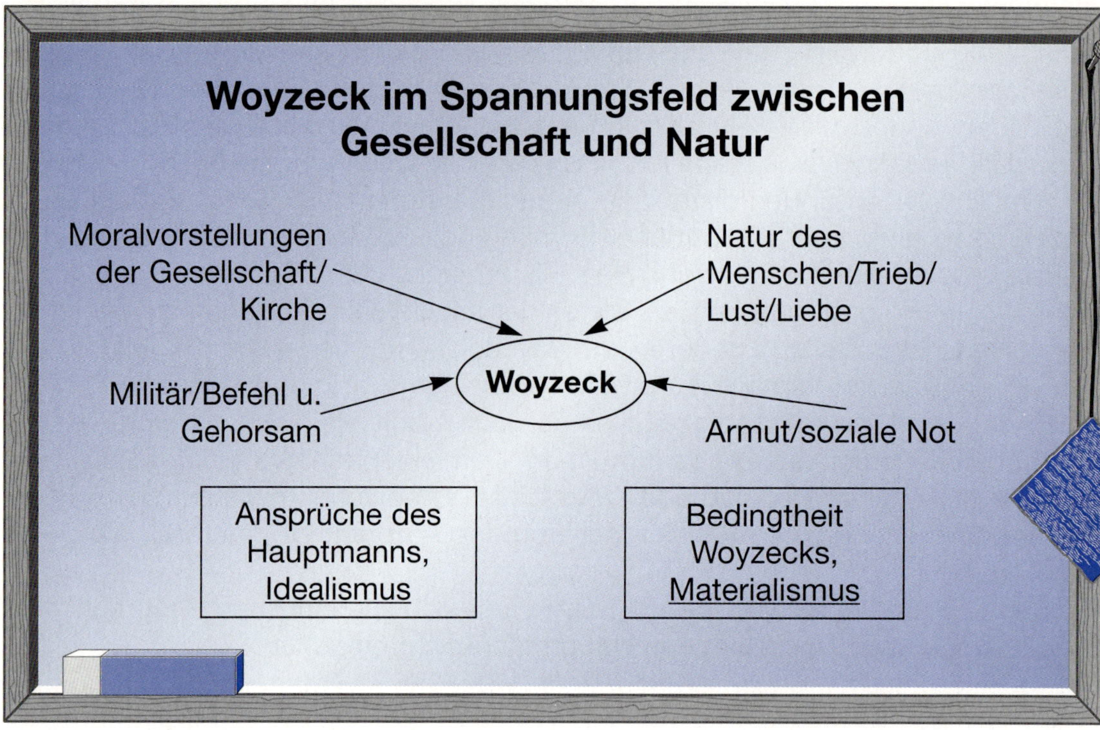

Ein alternatives Tafelbild könnte folgendermaßen aussehen:

Hauptmann und Woyzeck im Vergleich

Hauptmann	Woyzeck
Vertritt als Mann des Militärs das Ideal der Körperdisziplin sowie jenes **Ideal der Religion,** das zur Enthaltsamkeit und zum tugendhaften Leben rät.	Vertritt implizit eine **materialistische** Einstellung.
Keine materielle Not leidend kann der Hauptmann Idealvorstellungen folgen und einfordern.	Zeit und Tugend sind Luxusgüter, die er sich nicht leisten kann. Da er materielle Not leidet, kann Woyzeck immer nur scheitern.
„Er hat keine Moral! [...] Er hat ein Kind, ohne den Segen der Kirche“ (S. 12, Z. 32–34) „Er hat keine Tugend, [...]. Fleisch und Blut! Wenn ich am Fenster lieg, [...] und den weißen Strümpfen so nachsehe [...], verdammt, Woyzeck, – da kommt mir die Liebe. Ich hab auch Fleisch und Blut. Aber Woyzeck, die Tugend, die Tugend!“ (S. 13, Z. 14–20)	„Es muss was Schönes sein um die Tugend [...]. Aber ich bin ein armer Kerl“ (S. 13, Z. 28f., vgl. weiter: 23–29) „alles Arbeit unter der Sonn, sogar Schweiß im Schlaf“ (S. 11, Z. 26f.)

Wenngleich der Hauptmann Woyzecks Vorgesetzter ist, ist er nicht mit großen Geistesgaben gesegnet, was nachfolgend thematisiert werden soll.

❒ *Überprüfen Sie die Rede des Hauptmanns auf Wortwiederholungen. Markieren Sie im Text entsprechende Stellen. Welchen Aussagewert messen Sie den wiederholenden Beiträgen zu?*

Allein die Summe der markierten Textstellen macht deutlich, dass Begründungen wiederholenden Charakter haben. Um das Nichtssagende oder Tautologische herauszuarbeiten, werden anschließend die markierten Stellen im Unterrichtsgespräch auf ihren inhaltlichen Aussagewert befragt.

Fragt man beispielsweise danach, wie der Hauptmann Ewigkeit begründet, gibt der zur Antwort, dass ewig ewig ist. Die Moral des Weiteren, die durch die Moral erklärt ist, ist ebenso tautologisch und bietet keine neue Erkenntnis. Worthülsen treten an die Stelle von an der Wirklichkeit angelegten Maßstäben, die für die Lebensbewältigung nützlich sein könnten. Der Mangel an wirklicher Beschäftigung verleitet den Hauptmann zum gedankenverlorenen Philosophieren ohne Tiefe, ausgedrückt in der Wiederholung des immer Gleichen. „Es wird mir ganz angst um die Welt, wenn ich an die *Ewigkeit* denke. *Beschäftigung*, Woyzeck, *Beschäftigung*! *Ewig*, das ist *ewig*, das ist *ewig* – das siehst du ein; nun ist es aber wieder nicht *ewig*, und das ist ein *Augenblick*, ja, ein *Augenblick*“ (S. 12, Z. 10–14), „Ein *guter* Mensch tut das nicht, ein *guter* Mensch, der sein *gutes* Gewissen hat“ (S. 12, Z. 20–22), „Woyzeck, er hat keine *Moral*! *Moral*, das ist, wenn man *moralisch* ist“ (S. 12, Z. 32f.), so spricht der Hauptmann (vgl. weiter: S 12, Z. 31; S. 13, Z. 30f.). Die mangelnde Tiefe und offensichtliche Geistlosigkeit offenbart sich in dem Moment, als Woyzeck die proklamierte Moral mit Bezug auf die Bibel ungewollt implizit hinterfragt, was den Hauptmann aus seiner Gedankenverlorenheit reißt und ihn in die Konfusion stößt. „Er macht mich ganz konfus mit seiner Antwort“ (S. 13, Z. 6). Machtbewusst, selbstgefällig, aber auch körperlich wie geistig schwerfällig ist der Hauptmann.

Zusammenfassend ist festzuhalten: Der Hauptmann
- hat zu viel Zeit,
- ist geistig nicht sehr rege und
- ist zudem recht weinerlich.

Die Schülerinnen und Schüler werden nun in Szene 9 mit folgender symbolträchtiger Aussage konfrontiert. „Herr Doktor, ich bin so schwermütig, ich habe so was Schwärmerisches, ich muss immer weinen, wenn ich meinen Rock an der Wand hängen sehe“ (S. 17, Z. 11ff.). Da es sich nicht um einen bestimmten Hauptmann handelt, sondern dieser repräsentativ steht, sollen unter Berücksichtigung dieser Aussage in Stillarbeit Antworten auf folgende Fragen gesucht werden:

❒ *Setzen Sie sich unter Berücksichtigung der Bemerkung auf S. 17, Z. 11–13 und dem Abschnitt „Vom ‚Wiener Kongress‘ bis zur Revolution im ‚Vormärz‘“ aus dem Textband (S. 65) mit folgenden Fragen auseinander: Warum hat das Militär/der Adel zu viel Zeit? Wieso werden dem Militär/dem Adel pauschal mangelnde Geistesfähigkeit zugewiesen?*

Den militärischen Rock nicht zu tragen heißt eine mit ihm verbundene Funktion nicht mehr adäquat auszufüllen und keine vorwärts treibenden Impulse mehr liefern zu können. „Der Kongress tanzt, aber es geht nicht vorwärts“ (S. 65, Z. 12f.). Dem Stillstand der alten Ordnung steht eine neue „Bewegung“ entgegen, die sich Raum greift: „Bildungsbewusstsein“ (S. 66, Z. 5), „Gedanken der freien Rede“ (Z. 6), „Liberalismus“-Tendenz (S. Z. 30). Die Idee der deutschen Einheit gewinnt an Popularität und steht der Kleinstaaterei des Adels entgegen. Hieraus sind Motive für die Schwermut des Hauptmanns abzuleiten, die aber zentral im wachsenden Bildungsbewusstsein gründen, ablesbar in den Universitäten, die als Unruheherd gegolten haben (S. 66, Z. 17–20).

Hintergrundinformation: Napoleons Sieg 1806/07 veranlasste den Preußenkönig Friedrich Wilhelm III. die geistigen und schöpferischen Kräfte des Landes zukünftig zu stärken, wo die körperlichen versagt hatten und auch nicht mehr vorhanden waren. Anderer Qualitäten bedurfte es nun: Er setzte u. a. über Wilhelm von Humboldt ein umfangreiches Bildungsprogramm für das Volk in Gang. Auch das Militär wurde von dieser Welle der Erneuerung erfasst: Nicht mehr allein die soziale Abstammung sollten bei Ämterbesetzungen entscheidend sein, sondern Fähigkeiten sollten – zumindest der Idee nach – zum Maßstab von Berufungen werden. Eine Entlassungswelle erfasste im Gefolge dieses Neuansatzes das Militär: Von 148 Generälen 1806 wurden bis 1813 bis auf zwei alle wegen Unfähigkeit und Feigheit entlassen.

Der nicht mehr getragene Rock des Hauptmanns spiegelt diese Entwicklung einer Adelsgesellschaft, die sich ihrer gesellschaftlichen Rolle und Funktion nicht mehr gewiss sein kann und in nicht allzu ferner Zukunft sich einer gebildeten Konkurrenz stellen muss.

3.3 ❒ Der Nihilismus in Gestalt des Hauptmanns

In der Rede des Hauptmanns von der so leeren Zeit ist ein weiterer wichtiger Aspekt verborgen, der mithilfe der Textauszüge von Arbeitsblatt 4 „Nihilismus und das neue Zeitempfinden“ diskutiert werden kann:

Die Bearbeitung wird herausstellen, dass es nicht allein um das adlige Militär und um dessen Funktionslosigkeit, um den Stillstand und das Festschreiben von Zuständen geht, sondern auch um den über die Aufklärung beförderten Rationalismus, der, ohne es zu wollen, als Ergebnis die Anfänge eines nihilistischen Denkens manifestiert. Ein tugendhaftes Leben mag man führen, aber dies ist nicht mehr die Gewähr, die Erlösung mit dem Ableben in der Ewigkeit zu finden. So bleiben nur die ge- bzw. erfüllte Lebenszeit und der gelebte Augenblick.

Die Schülerinnen und Schüler werden nach einer Phase der Stillarbeit, in der sie das Arbeitsblatt 4 bearbeiten, im anschließenden Unterrichtsgespräch die Parallele zu den Aussagen des Hauptmanns darlegen. So macht auch die Tautologie einen „Sinn“, denn Begriffe, die mit sich selbst erklärt werden, erklären nichts und sind sinnleer, genauso, wie die Welt empfunden wurde. Begleitend kann der Fatalismusbrief Büchners an seine Braut eingebracht werden.

❒ *Lesen Sie den Brief „An die Braut“ vom 10. März 1834 (Textausgabe S. 51), der auch „Fatalismusbrief“ genannt wird, und überprüfen Sie ihn auf den Nihilismusgedanken einerseits und den Fortschrittsgedanken der Aufklärung andererseits.*

Vom „Fatalismus der Geschichte“ (S. 51, Z. 4f.), einer „entsetzliche[n] Gleichheit“ der „Menschennatur“ (Z. 5f.) ist die Rede, vom „bloße[n] Zufall“ (Z. 8f) ferner, der den Einzelnen hier- und dorthin stellt. Jede Form von Vorsehung, Führung Gottes, ist hier ausgeschlossen: „Der Einzelne nur Schaum auf der Welt“ (Z. 7f.). Wenn der blinde Zufall waltet, kann auch vom kontinuierlichen Fortschreiten – zielgerichteten Fortschritt – kaum zu sprechen sein, sondern nur von einem unbestimmten Treiben, das den Menschen bestimmt.

Wenn also alles sinnlos ist, ist nur die gelebte Zeit im Augenblick von Wert, da die Zukunft weder Fortschritt noch Verheißung verspricht, bestenfalls mit Glücksfällen aufwarten kann. Dieser Sinn-Verlust bewegte Büchner (vgl. Lütkehaus 1999, S. 78–80) und gesellschaftliche Gruppen zur Zeit Büchners: Die „romantische Bewegung“ ist Ausdruck hiervon, die den Menschen zur absoluten, autonomen Größe (Idealismus nach Fichte, siehe Textausgabe S. 85f.) auf seinem Weg zur Sinnschöpfung erklärt. (Möglich ist hier die Einbindung des Textes zur Romantik in der Textausgabe, S. 91–93).

Der Nihilismus und das neue Zeitempfinden

Baustein 3

Arbeitsblatt 4

„Der Begriff von Zeit ist mir jetzt fürchterlich. Wenn ich einen Tag vor mir habe ohne zu wissen, was ich mit ihm anfangen soll, – oh, und dann den Blick über die leere Wüste von langweiligen Wochen hinaus! Und wieder eine Stunde nach der anderen von der Zeit zu betteln, sich vor dem Gedanken des Todes zu entsetzen! Wie elend ist der Mensch, dass er sterben muss, und wie höchst unglückselig müsste er sein, wenn er ewig lebte! Wie toll und unsinnig ist unser Leben."

William Lovell in dem gleichnamigen Roman nach Ludwig Tieck

„Die Zeit ist leer, seit die Ewigkeit – als Garant transzendenter Fülle – sich verflüchtigt hat. [...] Und weil die Ewigkeit gedacht war als sinnerfüllte Zeitlosigkeit, bleibt nichts als sinnloser Ablauf, Angst, dass alles umsonst ist. [...] Der erfüllte Augenblick wird poetisch zum äußersten Hoffnungssignal. Paradox genug, denn der Augenblick, das ist elementar die nicht einholbare Zeit. Umso mehr setzt der neuzeitliche Mensch auf das Jetzt, den Augenblick erfüllter Gegenwart. [...] ‚Der Augenblick ist Ewigkeit' [Goethe; Anm. N.S.]. [...] Die Zeit war *das* existenzielle Generalthema damals. [...] Fest steht: Die Langeweile als Syndrom verlorener Substantialität wurde in der Romantik entdeckt. [...] Das ist die historische Situation und zugleich die Geburtsstunde des Nihilismus. *Alles ist umsonst.* [...] Aus diesem Bewusstsein resultierte die Schwermut, die geistige Modekrankheit des 18. Jahrhunderts, zu Recht spricht man vom Zeitalter der Melancholie."

In: Bruno Hillebrand: Ästhetik des Augenblicks. Göttingen 1999, S. 35–37

„Mensch [...] du bist geschaffe Staub, Sand, Dreck. Willst du mehr sein als Staub, Sand, Dreck?"

Büchner, Woyzeck: S. 10, Z. 14f.

Aufgaben:

1. *Die Zeit, in der das Drama spielt, ist vom beginnenden Nihilismus bestimmt, der nicht unwesentlich befördert wurde von der Aufklärung. Sie entfremdet vom Glauben und setzt an dessen Stelle die „Wüsten des Verstandes", der die Welt zum „unbedeutenden Wandelstern" erklärt und der die „schöpferische Musik des Weltalls zum einförmigen Klappern einer ungeheuren Mühle [machte], die vom Strom des Zufalls getrieben und auf ihm schwimmend, eine Mühle an sich, ohne Baumeister und Müller, und eigentlich ein echtes Perpetuum mobile, eine sich selbst mahlende Mühle sei", wie der romantische Dichter Novalis (1772–1801) schreibt. 1799 taucht bei Heinrich Jacoby in einem Brief an Fichte schließlich der Begriff des Nihilismus auf.*

2. *Was ist unter Nihilismus zu verstehen?*
Zeigen Sie, inwiefern die vorgelegten Textauszüge und auch die Worte des Hauptmanns in Szene 5 eine nihilistische Geisteshaltung spiegeln.

3. *Warum spielt in diesem Zusammenhang die Zeit eine so wesentliche Rolle?*

4. *Versuchen Sie abschließend darzulegen, was Sie persönlich unter einer erfüllten Zeit verstehen. Ist dies eine wiederholbare, ereignisreiche Zeit oder kann dies auch eine Zeit sein, die einzigartig und nur für einen Augenblick zu leben ist? Schreiben Sie bitte Ihre Vorstellungen nieder.*

3.4 ❐ Der Geist der Wissenschaft und die Natur des Menschen – Szene 8: Beim Doktor

Die Szene 8 „Beim Doktor“ wird zentral unter dem Gesichtspunkt behandelt, dass der Doktor dem Geist Vorrang vor dem Körper einräumt und den Geist idealisiert. Diese Idealisierung des Geistigen leugnet jede materielle und soziale Bedingtheit von Tugend und Moral, wie sie als Werte von der bürgerlichen Aufklärung postuliert werden, und bürdet dem Individuum die alleinige Verantwortung für Gelingen und Scheitern eines „tugendhaften“ Lebens auf.

In der Person des Doktors entlarvt Büchner diese Haltung umso deutlicher, als dieser Woyzecks Schwäche durch seine skrupellosen Experimente ja erst verursacht und unmittelbar davon profitiert, es also an einer vernunftgeleiteten Moral fehlen lässt.

Mit dem Bau eines Standbildes sollen die Person des Doktors und die Personenkonstellation Doktor/Woyzeck eingangs beleuchtet werden. Dabei sollen in Gruppenarbeit handlungsorientiert Interpretationshypothesen aufgestellt werden, die später vertiefend über die Textarbeit plausibel gemacht oder andernfalls verworfen werden. Mit anderen Worten ersetzt die Arbeit mit Standbildern nicht die Textarbeit, sie kann aber auf motivierende Art zu ihr hinführen. Das Arbeitsblatt 5 gibt einen genauen Verlauf der Arbeit in den Gruppen an.

Bei der Präsentation sollte darauf geachtet werden, dass die Schülerinnen und Schüler sich im Halbkreis vor dem Standbild versammeln und „nicht“ im Kreis, da ein Standbild in der Regel auf eine bestimmte Betrachterperspektive hin ausgelegt ist, die die Interpretationsarbeit am genauesten spiegelt.

Die Standbilder werden während der Präsentation von den übrigen Teilnehmern des Kurses nicht nur begutachtet, sondern können auch verändert werden, falls die Ansicht vertreten wird, dass sich durch eine geringfügige Modifikation der Aussagewert des Bildes steigern ließe. Aber selbstverständlich tritt hier neben das Bild der erläuternde Kommentar.

Standbildinterpretation und Kommentare mögen immer wieder Fragen vorwegnehmen bzw. auf Aufgabestellungen Bezug nehmen, wie sie im weiteren Verlauf formuliert werden, und Antworten dazu bieten. Entsprechende Fragen können daher aufgenommen und begleitend behandelt werden. Andererseits ist es möglich, die Ergebnisse der Standbildmotive zu einem späteren Zeitpunkt wieder aufzunehmen. In diesem Zusammenhang macht es Sinn, die Ergebnisse der Präsentation von einem Protokollanten festhalten zu lassen und die Standbilder zu fotografieren. Bilder und Protokolle werden an der Wand aufgehängt. Das erleichtert eine spätere Erinnerungsarbeit.

Ein Standbild bauen

Aufgabe: Erarbeiten Sie zu Szene 8 „Beim Doktor“ ein Standbild, aus dem das Verhältnis zwischen Doktor und Woyzeck abzulesen ist.

Was ist ein Standbild?
Ein Standbild gleicht einer fotografischen Momentaufnahme. Es löst einen Handlungsverlauf in ein Einzelbild auf, in dem ein zentrales Motiv erkennbar wird. Es stellt darüber hinaus den Charakter von Personen sowie das Verhältnis zwischen ihnen im Bild dar. Es wird nicht mit Worten erklärt und gedeutet, sondern das Bild spricht für sich.

Wie bildet man ein Standbild?
Der Kurs wird in Gruppen aufgeteilt, wobei jede Gruppe sowohl Jungen als auch Mädchen aufweisen sollte.

1. *Lesen Sie gemeinsam die Szene. Halten Sie dabei fest, worum es inhaltlich zentral in der Szene geht. Überlegen Sie, wie das Verhältnis der auftretenden Figuren zueinander gestaltet ist. Versuchen Sie weitere Eindrücke zu formulieren: Gestik, Mimik, Körperhaltungen.*
2. *Die Gruppe teilt sich auf in Darsteller und „Standbildbauer“. Bei der Auswahl der Darsteller ist es nicht zwingend notwendig, dass Jungen Männerrollen und Mädchen Frauenrollen einnehmen. Allerdings sollte die Auswahl der Darsteller in Bezug auf die darzustellenden Personen nicht völlig konträr ausfallen (Körper, Statur).*
3. *Die Darsteller werden, gemäß den Vorüberlegungen, von den Standbildbauern in Positionen gestellt und – einer „Knetmasse“ gleich – geformt, ohne selber gestaltend einzugreifen. Dabei werden Körperhaltungen und Personenkonstellationen so lange formend verändert, bis das Bild dem entspricht, was man ausdrücken möchte.*
4. *Das endgültige Standbild wird „eingefroren“, und die Darsteller prägen sich ihre Stellungen ein, sodass im Plenum das Standbild wieder abgerufen werden kann.*

Wichtig:
Ruhe und Konzentration sind beim Erstellen von Standbildern wesentliche Voraussetzung, da das Gestalten Interpretationsarbeit ist, die detailgenaue Formarbeit abverlangt. Die Darsteller sollten sich ihrer Funktion als passives „Material“ stets bewusst bleiben und nicht eigenmächtig Haltungen einnehmen, verändern oder vorwegnehmen, da dies sich störend auf die Interpretationen der Erbauer auswirkt.

Wie bespricht man ein Standbild?
- Im Plenum werden die Standbilder nacheinander aufgebaut. Nach jedem Bild beschreiben die nicht beteiligten Schülerinnen und Schüler, was sie sehen und was für sie das Bild ausdrückt. Dabei können sie auch das Standbild verändern und formen um ihre Deutung zu veranschaulichen. Die Darsteller verbleiben für die Dauer der Deutung in ihren Haltungen.
- In einem zweiten Schritt erläutert die darstellende Gruppe ihr Ergebnis. So geht es Gruppe für Gruppe reihum.

Idealismus: Die vermeintliche Regentschaft des Geistes

- *Der Doktor macht Woyzeck Vorwürfe und ein schlechtes Gewissen. Notieren sie stichwortartig, was ihn verärgert und woraus er seine Ansprüche ableitet. Versuchen Sie dabei auch, zentrale Schlüsselwörter herauszuarbeiten, die für das Denken des Doktors stehen.*

Der Doktor bietet Woyzeck einen Kontrakt an, mit dem dieser sich verpflichtet, nach dessen Anweisungen körperdiszipliniert zu leben. Die Ursache für den Ärger ist in mangelnder Körperbeherrschung zu sehen, die der Doktor gegen Bezahlung Woyzeck abverlangt. Er kann diesen Vorwurf artikulieren, da er von der absoluten Freiheit des Geistes ausgeht. „[D]er Mensch ist frei, in dem Menschen verklärt sich die Individualität zur Freiheit", (S. 15, Z. 17f.). Das hier karikierte Denken geht folgerichtig davon aus, dass der freie Wille des Geistes sich als autonom und unabhängig von der Materie erweist. Dieser Logik zufolge können auch die Körperfunktionen dem freien Willen des Menschen unterstellt werden. Zum Gegenpol des Körpers gerät dann der menschliche Geist. Schon der Beginn der Rede verweist auf den Willen des Menschen, dem anderes sich unterzuordnen hat, wenn der Doktor an das gebrochene Wort und so den Mangel an Selbstdisziplin erinnert: „Ein Mann von Wort" (S .15, Z. 7). „Ich hab's schriftlich, den Akkord in der Hand" (S. 15, S. 27f.). Das von dem Doktor verlangte Verhalten wird Woyzeck auf lange Sicht körperlich ruinieren, was für den Doktor allerdings nur von wissenschaftlichem Wert ist und ihn nicht kümmern muss, da nach der Logik des freien Willens die Verantwortung für den Gesundheitszustand des Vertragspartners nicht bei ihm liegt, sondern allein bei Woyzeck, der seine Einwilligung gegeben hat. Über den vom Doktor verwendeten Freiheitsbegriff wird Gewalt an dem ausgeübt, der aufgrund sozial bedingter Abhängigkeiten de facto gar keine „Freiheit" zu wählen hat. Somit wird die postulierte Freiheit als Ideologie entlarvt.

Der Geist regiert → den Körper / Idealismus

- *Wieso kümmert sich der Doktor nicht um die Gründe, die Woyzeck veranlassen sich wissenschaftlichen Experimenten zur Verfügung zu stellen?*

Die Gründe, warum Woyzeck sich für die Experimente zur Verfügung gestellt hat, können außerhalb des Interesses des Doktors stehen, sofern er nur selbst seinen Teil der Vereinbarung einhält und für die erbrachte Dienstleistung bezahlt. Die Formalität des Vertrages entbindet ihn nach seiner Auffassung seiner ärztlichen Pflicht und legitimiert scheinbar seine Handlungen. Er kann sich sogar für die partielle Geistesverwirrtheit, die durch die Behandlung auftritt und dem aufgestellten wissenschaftlichen Thesengebäude zuarbeitet, vorbehaltlos begeistern, „Phänomen, Woyzeck, Zulage" (S. 19, Z. 19). Er entzieht sich seiner ärztlichen Pflicht und sieht in Woyzeck lediglich ein Experimentalobjekt: „Er ist ein interessanter Casus. Subjekt Woyzeck" (S. 16, Z. 33). Das Desinteresse am Menschen, die Fixierung auf den „Casus" und die Ergebnisse zeigen den Doktor und seine Auffassung von „Wissenschaft" zutiefst entmenschlicht.

Materialismus: Die Regentschaft des Körpers

- *Welche Gründe führt Woyzeck an, die ihn abgehalten haben den vertraglichen Verpflichtungen nachzukommen?*
- *Leiten Sie aus den Gründen ab, welche Konsequenzen die behauptete „Freiheit des Menschen" für Woyzeck auf der einen und den Doktor auf der anderen Seite hat.*

Woyzeck spricht von der „Natur“, die dem Menschen kommt (S. 15, Z. 13). Die Materie zeigt sich, indem Woyzeck dem Harndrang nachgibt, Kopf und Geist nicht unterworfen und der Mensch erweist sich damit als elementar abhängig vom Körper.
Die vom Doktor aufgestellte Behauptung von der Freiheit des Menschen offenbart sich als Phrase und als Misshandlung an dem, dem die Freiheit zuerkannt wird. Er kann nur immer wieder versagen – wo die Natur sich meldet und der Körper ihr folgt. Wortbrüche und Selbstvorwürfe sind daher vorgezeichnet. Darüber hinaus aber wird bei dem Versuch, dem „Ideal“ zu genügen, das körperbewegte und geistige Leben in der „Realität“ massiv negativ beeinflusst: „Er hat die schönste aberratio mentalis partialis“ (S. 16, Z. 22f.). Und dem Körper schwinden die Kräfte, er bekommt Schwindelanfälle und das Zittern. In der Person Woyzeck wird, indem er der Natur folgt und lebt, wie er und jeder andere Mensch nur leben kann, eine andere These aufgestellt, die sich an der „Materialität“ orientiert und der „ideellen“ des Doktors diametral entgegensteht:

Der Körper regiert → den Geist / Materialismus

Die Regentschaft des Sozialen

Mit diesen sich ausschließenden Grundannahmen im Bewusstsein sollen die Schülerinnen und Schüler zu folgender Arbeitsaufgabe Stellung nehmen:

- *Nehmen Sie zu folgender provokanter These schriftlich unter Bezugnahme des Szeneninhalts Stellung: Das Arbeitsverhältnis zwischen Doktor und Woyzeck ist vertraglich geregelt. Der Zorn des Doktors über Woyzecks Vertragsbruch ist daher ganz fraglos einsichtig und unbedingt gerechtfertigt. Trotz offensichtlicher Unzuverlässigkeit, die das Experiment gefährdet, hält er an seinem Mitarbeiter fest. Welcher Arbeitgeber würde im vergleichbaren Fall so handeln? Er hat unser Lob verdient.*

Eine ergänzende oder alternative Aufgabenstellung könnte lauten:

- *Erörtern Sie unter Berücksichtigung Ihrer bisherigen Ergebnisse folgende These. „Ich kann nur versprechen, was ich auch zu halten imstande bin.“ Der Doktor bezieht sich ganz folgerichtig auf den Sinnspruch „ein Mann von Wort“ und maßregelt daher Woyzeck zu Recht, der sich immerhin ohne Zwang verpflichtet hat.*

Neben den schon festgehaltenen Ergebnissen, dass die Freiheit des Geistes ihre Grenzen in der Materialität des Körpers findet, dürfte hier die Woyzeck bedingende finanzielle Not angesprochen werden. Zwischen beiden Vertragspartnern besteht ein Ungleichgewicht. Woyzeck ist auf das Geld des Doktors angewiesen um Marie und das Kind ernähren zu können. Somit ist er gezwungen, die Vertragsbedingungen des Doktors vorbehaltlos anzuerkennen. Der Verweis auf den in freier Selbstbestimmtheit abgeschlossenen Vertrag spricht den realen sozialen Gegebenheiten Hohn, bindet aber Woyzeck im Wissen um seine Verfehlung und seinen Vertragsbruch umso stärker an den Doktor und dessen Experimente. Dieser gewinnt weitere Verfügungsgewalt über Woyzeck und übt, indem er auf die Bezahlung abhebt („Und doch zwei Groschen täglich. Woyzeck, das ist schlecht“ (S. 15, Z. 10f.)), nicht nur moralischen Druck aus, sondern er erinnert Woyzeck implizit auch an seine finanzielle Notlage.

Die Konstellation „Doktor – Woyzeck“ falsifiziert ebenso wie die Konstellation „Hauptmann – Woyzeck“ die These von der Selbstbestimmung und der Freiheit des Geistes und setzt die materiellen und gesellschaftlichen Rahmenbedingungen als Voraussetzungen menschlicher Existenz entgegen:

Die Gesellschaft regiert → den Menschen / Materialismus

Mit folgendem Tafelbild kann eine Veranschaulichung geleistet werden:

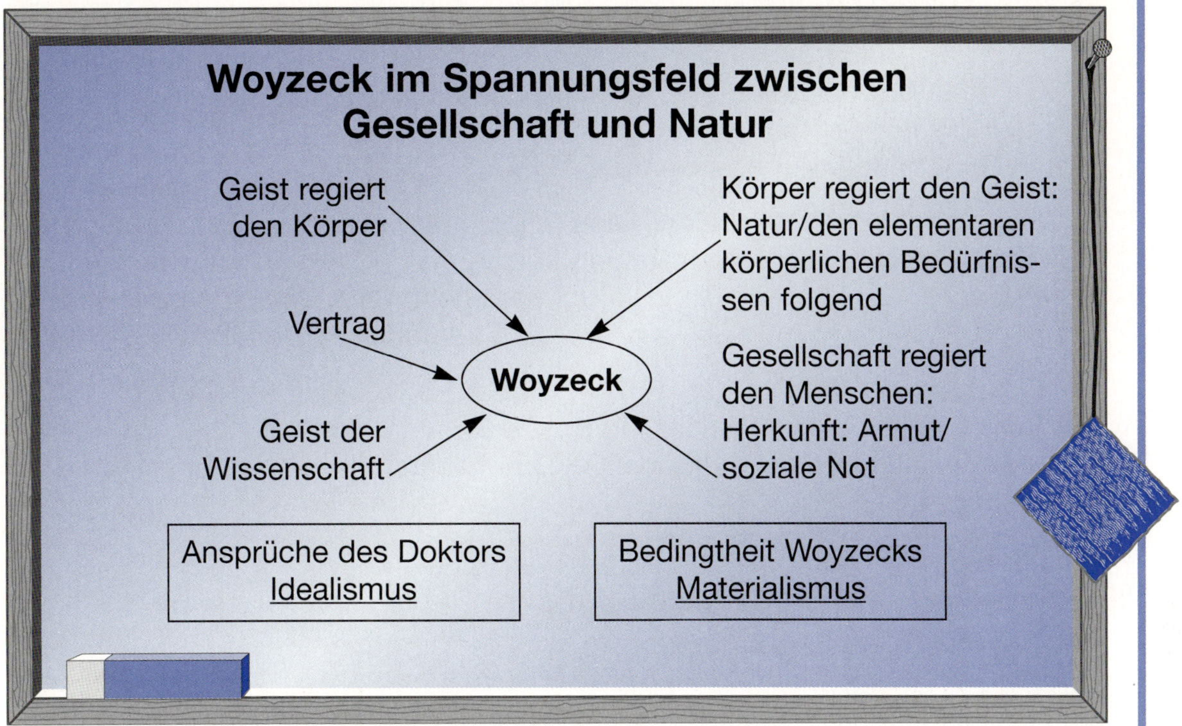

Abschließend mündet die Bearbeitung der Szene in zwei mögliche Schreibaufgaben, wobei die Schülerinnen und Schüler sich alternativ für die eine oder andere Aufgabe entscheiden können.

- *Erfinden Sie abschließend zu der Szene „Beim Doktor“ einen weiteren Arzt, der sich seiner Verantwortung bewusst ist, und lassen Sie ihn einen Disput mit dem Doktor in der Szene führen, bei dem er die Interessen Woyzecks vertritt.*
- *Stellen Sie sich vor, Sie sind in der Situation Woyzecks und haben den Anweisungen des Doktors zu folgen. Schreiben Sie aus Ihrer Sicht die Gedanken, Empfindungen nieder, die Sie bewegen, während der Doktor Sie maßregelt.*

Die gesamte vorab geführte Diskussion kann alternativ auch auf folgende Weise vorbereitet werden: Die Schülerinnen und Schüler haben im Verlauf der Auseinandersetzung mit dem Hauptmann das Tafelbild „Hauptmann und Woyzeck im Vergleich“ schon kennen gelernt. Analog dazu sollen sie in Partnerarbeit das Arbeitsblatt 6, S. 47 „Doktor und Woyzeck im Vergleich“ bearbeiten und das Weltbild sowie die Motive, die zur jeweiligen Einstellung führen, erarbeiten. Zusätzlich sind Belege aus dem Text anzugeben. Die Ergebnisse werden im Zusammenhang mit den vorangegangenen Leitfragen vertiefend diskutiert. Aus der Diskussion leiten sich auch die Antworten für den Punkt „Folge“ auf dem Arbeitsblatt ab.

Doktor und Woyzeck im Vergleich

Doktor	Woyzeck
Vertritt als Mann der Wissenschaft das **Ideal der Forschung** sowie das **Ideal der Freiheit und absoluten Unabhängigkeit des Geistes.**	Vertritt implizit eine **materialistische** (realistische) Einstellung.
Keine materielle Not leidend, kann der Doktor sich Idealvorstellungen leisten.	Gefangen von den Verhältnissen, nicht frei in den Entscheidungen, naturgebunden und abhängig von den körperlichen Bedürfnissen
„Ein Mann von Wort“ (S. 15, Z. 7) „Der Mensch ist frei, in dem Menschen verklärt sich die Individualität zur Freiheit“ (S. 15, Z. 17f.) „Ich hab's schriftlich, den Akkord in der Hand“ (S. 17, Z. 27f.) „Es gibt eine Revolution in der Wissenschaft, ich sprenge sie in die Luft“ (S. 15, Z. 21f.) „... so machen wir die unsterblichsten Experimente“ (S. 17, Z. 24)	„Aber Herr Doktor, wenn einem die Natur kommt“ (S. 15, Z. 13) „manchmal hat einer so 'nen Charakter, so 'ne Struktur. – Aber mit der Natur ist's was anders“ (S. 16, Z. 7f.)
Folge: Der Doktor fühlt sich frei von jeder Verantwortung und allein seiner Forschung verpflichtet.	**Folge:** Woyzeck kann den Ansprüchen nie genügen und sieht sich zuletzt körperlich wie geistig ruiniert.

Doktor und Woyzeck im Vergleich

Doktor	Woyzeck
1. Weltbild:	1. Weltbild:
2. Begründung:	2. Begründung:
3. Belege aus der Textausgabe:	3. Belege aus der Textausgabe:
Folge	**Folge**

- ❒ *Zu 1. Formulieren Sie, bezogen auf Szene 8, Thesen, welchen Weltbildern Doktor und Woyzeck jeweils anhängen.*
- ❒ *Zu 2. Aus welcher gesellschaftlichen Position heraus sind die Weltbilder entworfen? Begründen Sie, warum die gesellschaftliche Stellung für die jeweilige Weltsicht mit verantwortlich zeichnet.*
- ❒ *Zu 3: Belegen Sie Ihre Thesen zu Aufgabe 1 mit Textverweisen/Zitaten.*

Was hat die Aufklärung den Menschen gebracht?

Bei einem ausreichenden Zeitkontingent kann die Problematik, die mit der Geisteshaltung des Doktors verbunden ist, verklammert werden mit der „Aufklärung“. Die nachfolgenden Arbeitsaufträge können dabei in summa, aber auch punktuell herausgegriffen und bearbeitet werden.

Die Szene 8 „Beim Doktor“ wird nochmals einer genauen Betrachtung unterzogen, jetzt aber mit der Frage nach dem darin zum Ausdruck kommenden Wissenschaftsverständnis, das der Doktor vertritt, und nach der Kritik, die Büchner daran übt, indem er den Doktor als Karikatur darstellt.

Zunächst kann in Einzelarbeit folgender Arbeitsauftrag bearbeitet werden:

❒ *Arbeiten Sie anhand der Szene 8 heraus, was für den Doktor „Wissenschaft“ bedeutet.*
- *Welches sind seine zentralen Annahmen bezüglich Wissenschaft?*
- *Welches Handeln folgt daraus, welches sind seine Ziele?*

Ergebnisse dieser Arbeitsphase werden an der Tafel („Grundannahmen“) so festgehalten, dass im weiteren Verlauf rechts daneben Schlussfolgerungen („Folgen“) notiert werden können. Nachdem diese Wissenschaftsauffassung herausgearbeitet ist, sollte nun im Unterrichtsgespräch entwickelt werden, welche Folgen sich daraus ergeben.

❒ *Welche Folgen ergeben sich aus einem solchen Verständnis von Wissenschaft? Diskutieren Sie diese Folgen insbesondere unter dem Aspekt der Verantwortung des Wissenschaftlers, hier auch des Arztes.*

Wissenschaft im Verständnis des Doktors

Grundannahmen:
- Dem Menschen sind keine Grenzen gesetzt („Der Mensch ist frei“)
- Zweckfreier Forschungsdrang („Er ist ein interessanter Casus“)
- Wissenschaftliche Erkenntnis, „Wahrheit“ geht vor Menschlichkeit

Folgen:
- Vernachlässigung der Gegenwart zugunsten einer optimistisch gedeuteten Zukunft
- Vernachlässigung der ärztlichen Pflichten gegenüber dem Leben
- Leugnen der Verantwortung bzgl. der Folgen des eigenen Handelns

Schon hier wird für die Schülerinnen und Schüler deutlich geworden sein, dass Büchner eine solche Haltung, auch aus der Sicht des Arztes, der er selbst war, scharf kritisiert.

Aus der Freiheit des Geistes und des Willens, die an anderer Stelle bereits kritisch hinterfragt wurde, folgert der Doktor die unbegrenzte Freiheit der Wissenschaft und der Forschung, auch wenn sie zum unmittelbaren Nachteil Einzelner betrieben wird. Zügellos kann sich im Verständnis des Doktors die vermeintliche Vernunft gebärden, da sie auf die Zukunft zugerechnet ist, einem „aufgeklärten“ Zeitalter, und so angeblich dem allgemeinen Wohl der Menschheit zuarbeitet. Das augenblickliche Wohl Einzelner braucht den Doktor daher nicht zu kümmern und kümmern muss ihn auch nicht die Pflicht des Mediziners, Schaden abzuwenden vom Menschen, da der veranschlagte ferne Nutzen das gegenwärtige

Handeln hinreichend rechtfertigt. Der Doktor ist beseelt vom Glauben an die Vernunft und die Möglichkeiten der Wissenschaft, die ihm gegeben sind und die er in der Hand glaubt. „Es gibt eine Revolution in der Wissenschaft, ich sprenge sie in die Luft“ (S. 15, Z. 21f.). Mit der ihm eigenen Maßlosigkeit vertritt er die Ideologie einer Wissenschaft, die sich und den Menschen als Vernunfttier grenzenlos glaubt. An die Stelle des nicht ergründbaren Glaubens, der jahrhundertelang unter der Vormundschaft geistlicher Autoritäten stand, tritt nun der Glaube, der lautet: Das Ziel ist der aufgeklärte Mensch, der im Besitz der Wahrheit ist, ja das Universum („Weltformel“) versteht und erklären kann.

An dieser Stelle bietet sich die Auseinandersetzung mit dem Kant-Text „Beantwortung der Frage: Was ist Aufklärung?“ an (Textausgabe S. 81–83). Dieser fasst gegen Ende des 18. Jahrhunderts zusammen, was das ganze Jahrhundert elementar bewegte.

Vor der detaillierten Beschäftigung mit dem Text sollten die Schülerinnen und Schüler sich auf der Grundlage eigener Erkenntnisse und persönlicher Erfahrungen mit dem Kerngedanken der Aufklärung bei Kant auseinander setzen. Folgende Fragen können von den Schülerinnen und Schülern beantwortet werden:

- *„Habe Mut, dich deines* ***Verstandes*** *zu bedienen“, so heißt es bei Kant. Warum glauben Sie, dass es Mut braucht, den eigenen Verstand zu gebrauchen? Ermitteln Sie Beispiele aus der Geschichte oder auch aus Ihrem persönlichen Leben, die diesen Satz plausibel machen.*
- *„Es ist so bequem, unmündig zu sein.“ Ein weiterer Satz von Kant, der zum Nachdenken anregt. Kennen Sie Beispiele aus der Geschichte, wo aus Gründen der Pflichterfüllung Verantwortlichkeiten zurückgewiesen wurden?*
- *Wer nimmt unbequemes Denken auf sich und warum?*
- *Kennen Sie persönlich Situationen, in denen Sie die Unbequemlichkeit eigenen Denkens vermieden haben und dankbar waren, das eigene Wohl in die Hand eines anderen (eines Arztes vielleicht!) zu legen? Wäre ein solches Verhalten nach Kant nicht auch zu kritisieren?*
- *Versuchen Sie mit Blick auf Ihre Beispiele für jeden der beiden kantschen Sätze eine kurze Erläuterung zu formulieren, die Ihr Verständnis von diesen Sätzen verdeutlicht.*

Im Unterrichtsgespräch sollten anschließend einige Beispiele und Definitionen gesammelt und auf Folie notiert werden, damit später ggf. darauf zurückgegriffen werden kann. Im Anschluss daran kann der Text unter den folgenden Fragestellungen behandelt werden.

- *Definieren Sie, was Kant unter den Begriffen „selbst verschuldete Unmündigkeit“, „Bequemlichkeit“, „Aufklärung“ versteht.*

An der Tafel kann dann stichwortartig notiert werden:

Aufklärung nach Kant

Selbst verschuldete Unmündigkeit:	Verstand, der ohne fremde Hilfe keine Ideen und Initiativen entwickelt. Ursache: Mangel an Mut, Konsequenzen dafür zu tragen.
Bequemlichkeit:	Entscheidungen kosten Kraft und Energie. Leichter ist es dagegen, anderen zu folgen.
Aufklärung:	Geistiger Reifungsprozess, bei dem der Einzelne sich das Recht frei zu denken nimmt und anderen zubilligt. Ziel: Aufgeklärte Gesellschaft, in der die Menschen sich gegenseitig respektieren.

In diesem Zusammenhang ist es angebracht, den Text von Jostein Gaarder (Textausgabe S. 75–78) begleitend zu lesen, um Vorstellungen von den geistigen Umwälzungen zu entwickeln, die mit der Aufklärung einhergingen. Weitere Informationen können den in Zusatzmaterial 4 (S. 104ff.) aufbereiteten Stichworten (Enzyklopädie [Deismus], Rousseau, Descartes) entnommen werden. Thematisch sind sie von Bedeutung, weil das Denken sowohl Rousseaus als auch Descartes im „Woyzeck" keine unwichtige Rolle spielen und bis heute Früchte tragen. Sie eignen sich als Grundlage für einen Lehrervortrag oder für ein Schülerreferat.

Bevor Büchners Position im thematischen Geflecht Aufklärung – Vernunft – Rationalität – Freiheit des Denkens ... herausgearbeitet wird, kann vorab im Unterrichtsgespräch folgende Frage diskutiert werden:

- *Lange Zeit war mit dem „aufgeklärten Zeitalter" die Annahme verbunden, dass es ein moralisch besseres Zeitalter eingeläutet habe, denn wenn alles rational geregelt wird, hat das Böse keinen Platz. Wie stehen Sie zu diesem Gedanken? Lassen sich möglicherweise historische Begebenheiten anführen, die diese Grundthese als fragwürdig erscheinen lassen?*

Die Schülerinnen und Schüler werden fraglos Beispiele finden, die zeigen, dass Rationalität und Sittlichkeit in Widerspruch geraten können. Gerade das vernunftbestimmte 20. Jahrhundert hat die hässlichsten Gräueltaten in Gang gesetzt, als mit einem Höchstmaß an Rationalität eine Vernichtungsmaschinerie ungeahnten Ausmaßes in Gang gesetzt wurde. „Ich konnte an Menschen Versuche machen, die sonst nur an Kaninchen möglich sind" (Hans Münch, Leiter des SS-Hygiene-Instituts in Auschwitz). „Mengele verbrauchte Häftlinge wie Laborratten. Das unterscheidet ihn nicht von Medizinern der Luftwaffe, die im KZ Dachau das qualvolle Sterben von Häftlingen im Eiswasser messtechnisch festhalten. Oder vom Frauenarzt Helmuth Vetter, der im Dienste der IG Farben KZ-Häftlinge künstlich mit Fleckfieber ansteckt und sie bis zum Tode mit Bayer-Präparaten traktiert. Oder vom Jungmediziner Heinz Kaschub, der im Auftrag der Wehrmacht Auschwitz-Häftlingen die Haut verbrennt und herausschneidet" (Ernst Klee. In: Die Zeit v. 30.09.99, S. 56). Wachsende Rationalität (Vernunft) kann somit ebenso mit wachsendem unmoralischen Verhalten einhergehen und ist nicht zwangsläufig Statthalter von Ethik und Moral.

Um Missverständnissen vorzubeugen, sei folgende Klarstellung gegeben: Kant vollzieht bekanntlich eine Trennung im Bereich der Vernunft: Die theoretische Ver-

nunft ist jene, die als zielgerichtete auch für das unbotmäßige Handeln zu verschiedenen Zeiten verantwortlich zu machen wäre. Daneben sieht er die praktische Vernunft, die losgelöst von allen Interessen und Inhalten individueller Art auf ein reines „Sollensgesetz“ abheben soll, ausgedrückt im kategorischen Imperativ. Die Richtschnur der praktischen Vernunft verhilft dem Guten zum Recht. Dieser Ansicht, dass eine solche Trennung möglich ist, die seit ihrer Formulierung auch in der Kritik steht, wird hier nicht gefolgt (vgl. Gil 1993: 71). Horkheimer sprach gar vom „idealistischen Wahn“.
Vor dem Hintergrund aktueller Erkenntnistheorien (vgl. Maturana/Varela [4]1992, vgl. Luhmann [4]1993; vgl. von Glasersfeld 1996 u. a.) wird eine solche Ansicht fragwürdig. Damit aus einer Maxime (individuelle Handlungsregel) ein allgemein gültiges Gesetz wird, muss man wägen. Bevor aber gewogen wird, ist inhaltlich klassifizierend im Zuge einer notwendigen Unterscheidung längst definiert worden, was der zu wägende Bereich alles umfasst. „Wo der andere nicht mehr als Mensch kategorisiert wird, da gilt auch der kategorische Imperativ nicht mehr“ (von Glasersfeld 1996: 337). Insofern wird hier nicht zwischen Vernunft und Vernunft entschieden, da das moralische Sollensgesetz auf einen archimedischen Standpunkt angewiesen ist, der als prinzipiell ausgeschlossen gelten kann (vgl. Luhmann [4]1993; [2]1998; vgl. Derrida [3]1990). Zur Voraussetzung hätte ein rein vernünftig begründetes, nichtbedingtes und allgemein gültiges Sollensgesetz so ein transzendentales Subjekt, wie Ernst Tugendhat für die Ethik ausführt und deutlich ausschließt: „Gott zu naturalisieren – und Kants Idee einer nichtrelativen Vernunft lief ungefähr darauf hinaus –, ist nicht möglich“ (Tugendhat 1993: 25; vgl. ders. 1984).

Denkbar wäre mit den Schülerinnen und Schülern eine Diskussion zu führen über die Frage, ob es eine maßgeblich richtende Instanz geben kann, die nach allen Seiten hin verbindlich und „gerecht“ urteilt. Schließlich gibt es auch heute, wo sich mit Ende des II. Weltkrieges und so mit der Befreiung eine humane Gesinnung wieder eingestellt hat, in Bereichen wie denen der Bioethik oder Genforschung, die nach gewissen Maßstäben zu beurteilen sind, Entscheidungs- und damit Handlungsbedarf.

- *Der Mann wie die Frau der Wissenschaft sind Fachmann/-frau im Bereich der Wissenschaft, aber Amateure im Bereich der Ethik. Umgekehrt ist die Ethik professionell berufen im Bereich der Ethik, aber Amateur im Bereich der Wissenschaft. Lässt sich eine Instanz denken, die Kompetenz sowohl auf der einen wie auf der anderen Ebene hat und so eine beide Bereiche gleichermaßen berücksichtigende, „weise“ wie „richtige“ Entscheidung treffen kann, oder ist das Dilemma unaufhebbar?*

Diese Diskussion kann man vorbereiten, indem in Gruppen zu dem hier angesprochenen oder zu einem anderen aktuellen Problem vorbereitend gearbeitet wird. Dabei werden arbeitsteilig Pro- und Kontra-Argumente zu dem ausgewählten Problembereich aus ausgesuchten Gebieten (Wissenschaft, Ethik, Recht, Wirtschaft) gesammelt, die anschließend im Plenum gegenübergestellt werden. Die Frage nach einer maßgebenden Richtschnur dürfte dabei virulent hervortreten. Dabei wäre es weiterhin denkbar, einerseits Arbeitsgruppen zu bilden, die von der Annahme einer normsetzenden, übergreifenden Instanz ausgehen, und andererseits Gruppen, die die Annahme einer privilegierten Instanz verneinen, wie es die Systemtheorie in der Soziologie favorisiert. Danach handelt das Rechtssystem mit der Unterscheidung Recht/Unrecht, das Wissenschaftssystem mit wahr/falsch, das Moralsystem mit gut/böse usf. Das im Sinne des Erkenntnisstrebens Wahre kann böse Folgen haben, das Gutgemeinte grundsätzlich falsch sein, und das eine wie andere kann nach Maßstäben des Rechts Unrecht produzieren. Zuletzt

mag das recht gefällte Urteil aus dem Blickwinkel der Wirtschaft unbezahlbar sein. Ein jedes Teilsystem verfasst Urteile über das Ganze, muss sich aber vor den anderen Teilsystemen stets rechtfertigen und kann nicht auf einen privilegierten Standpunkt pochen, was ideologischen Verfestigungen mit möglichen negativen Folgen entgegenarbeitet (vgl. Luhmann [4]1993; vgl. Fuchs 1997).
Umgekehrt kann die traditionelle Vorstellung der zentralen Norm Orientierung und Halt bieten.
Eine solche Problematisierung, die so auch die Möglichkeit berücksichtigt, dass es eine privilegierte Norm nicht gibt, kann vor dem Hintergrund einer Welt, die unter „extremen Ungewissheitsbedingungen" (Brater 1997: 157) leidet, Heranwachsenden nützlich sein. Diese sind angewiesen, aus sich selbst heraus Werte zu schöpfen, wo der Rückbezug auf kanonisierte Werte problematisch ist, da nicht zuletzt die Globalisierung einen im schnellen Wandel stehenden Wertepluralismus beschert hat, mit dem souverän und tolerant umzugehen gelernt sein sollte.

Schulze spricht vom Wandel vom „weltverankerten Ich" (Bezug auf vorgegebene Werte) zum „ichverankerten Ich" (Bezug auf selbst verantwortete Werte) (vgl. Schulze [6]1996). Das Gewisse (Werte) zu vermitteln macht dort Sinn, wo Gesellschaft und dessen Wertgefüge festgefügt ist, wo aber die prinzipielle Ungewissheit waltet, wie heute im Zuge komplexer globaler Vernetzungen, ist mehr das eigenverantwortliche reflexive Wägen und Auswählen gefordert und weniger das Vermitteln und Befolgen vermeintlich universaler Wertgesetze (vgl. Schulze [6]1996; vgl. Baacke [2]1993; Baacke/Vollbrecht 1996; für pädagogisch Interessierte siehe auch Reich 1996, Voß 1996, Schläbitz 1998).

Im Anschluss wendet sich der Unterricht der Frage nach Büchners Position zu.

❐ *Welche Position vertritt Büchner bezüglich der Fähigkeit des Menschen zur aufgeklärten Mündigkeit? Beziehen Sie sich auf den „Brief an die Familie" (Textausgabe S. 50) und stellen Sie die Position der Kants gegenüber.*

Verstand/Vernunftbegriff bei Kant und Büchner

Kant	**Büchner**
Aufklärung meint: • geistigen Reifungsprozess • freiheitliches und verantwortungsvolles Denken für alle Menschen • Ziel/Ergebnis: aufgeklärte, moralisch gute Gesellschaft, in der die Menschen sich gegenseitig respektieren	• Bildung ist eine angehäufte Äußerlichkeit. • Der Verstand ist nur ein geringer Teil des Menschen. • Andere Qualitäten machen den Menschen aus.
➪ Verstand/Vernunft zeichnen maßgeblich für sittliches Handeln und die Menschwerdung verantwortlich.	➪ Der Verstand bietet kein Kriterium zur Qualifizierung des Menschen und ist kein Garant für sittliches Handeln.

Im Gegensatz zu Kant ist Büchner der Ansicht, dass es in „niemands Gewalt liegt, kein Dummkopf oder kein Verbrecher zu werden" (S. 50, Z. 8f.). Damit negiert Büchner die Überzeugung Kants, dass der Mensch es selbst in der Hand habe, aus seiner Unmündigkeit herauszutreten. Nach Büchner ist diese Unmündigkeit auch nicht „selbst verschuldet“, sondern gehört als Dummheit „zu den allgemeinen Eigenschaften der menschlichen Dinge“ (S. 50, Z. 20f.). Büchner verachtet den Menschen nicht, da dieser an seiner Misere unschuldig ist, glaubt aber auch nicht an den Verstand, der alles zum Guten wenden könne. Vor allem hält er „Bildung“ für „nur eine sehr zufällige Form desselben“ (Z. 11–13) und für „toten Kram [...], den man Gelehrsamkeit heißt“ (Z. 34f.). Während Kant seine Hoffnung in den vernünftigen Gebrauch des Verstandes setzt, zeichnet sich bei Büchner eine gewisse Ratlosigkeit ab, von welcher Seite – zwecks Abbau gesellschaftlicher Missstände – Hilfe erwartet werden darf.

Die Vernunftgläubigkeit des 18. Jahrhunderts, die Büchner kritisiert, ist im philosophischen wie geisteswissenschaftlichen Kontext und auch in ihrer praktischen Umsetzung über die Zeit in die Kritik geraten. Wenn man die Auseinandersetzung mit der Vernunft- und Erkenntnisfähigkeit fortsetzen möchte, können mit den Schülerinnen und Schülern an dieser Stelle Texte gelesen werden, die von der Konferenz Teilchenphysik „String 99“ berichten (Arbeitsblatt 7a und 7b, S. 54–57). Hierzu wird den Schülerinnen und Schülern folgende Erörterungsaufgabe gestellt.

❑ *Was meint Kant, wenn er sagt, man würde in einem „Zeitalter der Aufklärung“, aber nicht in einem „aufgeklärten Zeitalter“ leben? Kann es ein aufgeklärtes Zeitalter im Sinne von Kant Ihrer Meinung nach geben? Beziehen Sie in Ihren Ausführungen die vorliegenden Zeitungsartikel (Arbeitsblatt 7a und 7b) ein und stellen Sie Gemeinsamkeiten zum Weltbild des Doktors heraus.*

Der Glaube an das Lösen des letzten Rätsels, der mit der Aufklärung einhergeht, zeigt sich heute in wissenschaftlichen Aktivitäten, wie sie in den Texten dargestellt und problematisiert werden. In ihnen spiegelt sich eine quasi-religiöse Einstellung. Steven Hawking glaubt, mit dem Zusammenführen von Relativitätstheorie und Quantentheorie wäre die Weltformel geschaffen. Man mag die Schülerinnen und Schüler nur daran erinnern, dass man sich mit Newtons Bewegungsgesetzen ebenfalls schon einmal der Weltformel ganz nahe glaubte, als die Welt der Quanten und das einsteinsche Universum noch „unvorstellbar“ waren. Die heute angestrebte Weltformel spielt allein mit den Formeln des „heute“ Vorstellbaren, aber schon morgen mag sich wieder eine heute noch unvorstellbare Welt eröffnen, die neue Rätsel aufstellt und die Weltformel wieder in weite Ferne rückt.

Weltformel 1

Physiker hoffen auf die Weltformel
Potsdam (dpa). Nach Ansicht des britischen Physikers Steven Hawking könnten Forscher in zwei Jahrzehnten eine einheitliche physikalische Weltformel formuliert haben.

„Vor zwanzig Jahren habe ich gesagt, wir haben eine 50:50-Chance, bis zum Ende des Jahrhunderts eine einheitliche Theorie zu bekommen", sagte der gelähmte Hawking in Potsdam mithilfe seines Sprachcomputers. „Wir sind seither nicht wirklich weitergekommen", meinte er. „Jetzt haben wir eine 50:50-Chance, in den nächsten 20 Jahren eine einheitliche Theorie zu finden." Hawking ist Stargast auf der Konferenz über Teilchenphysik „String '99", der weltweit renommiertesten Konferenz zur Stringtheorie. 380 Physiker versuchten, einen Schritt voranzukommen beim Versuch, die einsteinsche Relativitätstheorie und die Gravitationstheorie unter einen Hut zu bringen. Die Stringtheorie gilt als viel versprechender Ansatz, die vier physikalischen Grundkräfte mit einer einzigen Formel zu erklären. Strings sind unvorstellbar kleine schwingende Ringe, die die Materie zusammenhalten.

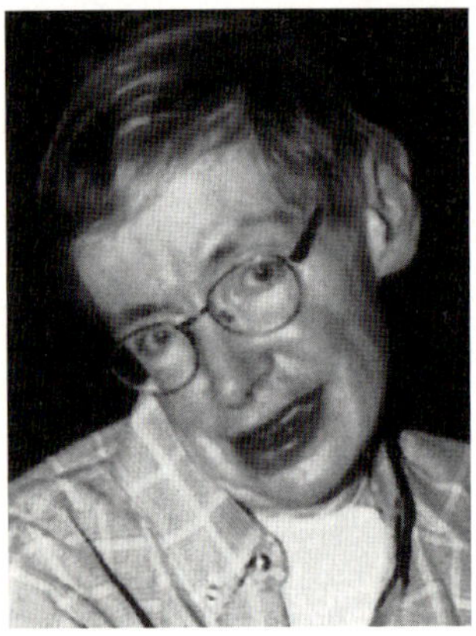

Universumsforscher Hawking bei Physikertagung
Blick ins Land der letzten Dinge
Potsdam. [...]

Das Audimax ist bis an den Rand gefüllt, ebenso zwei nahe liegende Hörsäle, [...] um dem Vortrag von Steven Hawking zu lauschen.
Diesmal referiert der Sachbuch-Bestseller-Autor („Eine kurze Geschichte der Zeit") über sein Lieblingsthema, das Universum, dessen Ausmaß, Alter und Herkunft ihn interessieren. [...]
Mit monotoner Stimme führt er seine Gedanken aus, Satz für Satz und von langen Pausen unterbrochen. Ehrfurchtsvoll und regungslos hört ihm das Publikum zu. Dem Eindruck, einer quasi religiösen Versammlung beizuwohnen, kann man sich nicht ganz entziehen. Zumindest das Universitätsgebäude, auf dem sich Lautsprecherboxen türmen, erinnert an ein Minarett und die auf dem Rasen Hockenden erinnern an betende Gläubige.
Das mag dem Tagungsthema der „Stringtheorie", entsprechen. Längst hat die Physik hier den Boden der Empirie verlassen und sich aus der Welt der wissenschaftlichen Faktizität verabschiedet. Letztlich reicht sie an Glaubensfragen heran und hat sich unter der Hand wieder zurück in Metaphysik verwandelt. Das geben sogar Eingeweihte zu. Denn beweisen lässt sich in der theoretischen Physik wenig. Allenfalls können Hypothesen in Form komplizierter mathematischer Formeln überprüft werden. [...]
Allein der Anspruch, den die „Stringtheorie" erhebt, macht den an die Relativität von Wissen gewöhnten Zeitgenossen zunächst einmal stutzig. Die „theory for everything" will Himmel und Erde miteinander versöhnen, Kosmos und Mikrokosmos, die einsteinsche

Relativitätstheorie und die Quantentheorie. In ihrem Bemühen zu verstehen „was die Welt im Innersten zusammenhält", sucht sie nach der so genannten Weltformel, die sie in den „Strings", der angenommenen kleinsten Einheit allen Bestehens, vermutet.

„In der Stringtheorie werden Objekte, die man sich vorher als Teilchen vorstellt, als Wellen dargestellt, die das String entlangwandern wie die Wellen auf einer vibrierenden Drachenschnur", heißt es bei Stephen Hawking. Es heißt aber auch, dass wir eigentlich in elf Dimensionen leben, statt bloß in den vier erfahrbaren. Und um die Stringtheorie mathematisch zu lösen, müssen die anderen sieben mitberücksichtigt werden. Freimütig gibt der Kosmologe zu, dass sie für Menschen nicht wahrnehmbar seien. Einmal mehr geraten hier die vermeintlichen wissenschaftlichen Fakten in die Nähe der Science Fiction.

Helmut Merschmann, in: Neue Westfälische vom 26.07.99, Rubrik: Zeitgeschehen

❒ *Erörtern Sie die Frage, ob es ein „aufgeklärtes Zeitalter" überhaupt geben kann bzw. ob der Vernunft nicht Grenzen gesetzt sind. Beziehen Sie in Ihre Ausführungen die vorliegenden Zeitungsartikel ein und stellen Sie Gemeinsamkeiten zum Weltbild des Doktors heraus.*

Weltformel 2

Baustein 3

Arbeitsblatt 7b

Symphonie der Superstrings

„Unglaublich klug", „der brillanteste Denker seit Einstein", „ein einmaliger Unfall der Natur": Wenn die Physiker, die sich letzte Woche in Potsdam versammelten, von Edward Witten sprechen, dann ist ihnen kein Superlativ großartig genug.

Als das Physik-Genie aus Princeton seine sanfte Fistelstimme erhob, da war es, als spreche ein Prophet zur kleinen Schar von Eingeweihten. Leise, eigenartig tonlos atemraubend schnell sprudelten seine Worte. Jedes von ihnen sog die Gemeinde im Saal begierig auf, um es anschließend deuten und abwägen zu können. Zu oft schon waren es Wittens Gedankenblitze, die den Weg zur Lösung unüberwindlich erscheinender Probleme wiesen, als zu untrüglich erwies sich immer wieder seine Institution.

Witten war nach Potsdam gereist um gemeinsam mit rund 400 seiner Kollegen zu träumen. Der Stoff, aus dem ihre Träume sind, ist die Mathematik. Sie erlaubt es ihnen, unvorstellbar winzige fadenförmige Gebilde zu beschreiben, die in einem verschlungenen 10- oder 11-dimensionalen Raum vibrieren. Aus den Klängen dieser „Superstrings", so die Überzeugung der versammelten Physiker-Elite, setzt sich eine Symphonie zusammen, die den Namen „Universum" trägt.

Witten und seine Kollegen träumen von einer einzigen Gleichung, deren Lösung die gesamte Welt beschreibt. Das vermessen klingende Ziel haben die Amerikaner, die „The theory of everything" getauft. Die Deutschen nennen es schlicht die „Weltformel".

Diese Gleichung, so hoffen die String-Forscher, werde die schönste aller denkbaren sein – so schön, dass allein ihre Schönheit der Beweis für ihre Wahrheit sei.

Es ist der Glaube an die Existenz dieser Weltformel, der die theoretische Physik beseelt. Genährt wird er durch die spektakulären Erfolge der Vergangenheit. War es nicht dem Briten Isaac Newton schon vor gut 300 Jahren gelungen, alles Wissen über die Planetenbahnen in eine einzige Gleichung zu bannen, die zugleich auch noch den Flug einer Kanonenkugel korrekt vorhersagte? Hatte nicht sein Landsmann James Clerk Maxwell 200 Jahre später sämtliche elektrischen und magnetischen Phänomene in einem einfachen Regelwerk von Formeln vereint, das zudem noch das Wesen des Lichts enträtselte?

Auch in diesem Jahrhundert stellten die Physiker stets aufs Neue fasziniert fest, dass sich die Natur eleganten mathematischen Formeln fügt. Von ihrer faustschen Neugier getrieben drangen die Forscher tiefer ins Innerste der Materie vor. Auf dem Weg dorthin gebaren sie immer abstraktere, fantastischer anmutende Ideen. Mit ihrer Hilfe gelang es, die Wunder des Mikrokosmos mit immer weniger Gleichungen immer vollständiger zu erklären [...]. Ewig, so glauben viele Physiker, werde dieser Prozess nicht währen. „Der Fortschritt in Richtung auf Einfachheit muss irgendwann an ein Ende kommen", erklärt der Nobelpreisträger Steven Weinberg [...]. Dereinst werde das Urgesetz zum Vorschein kommen, eine Art mathematischer Tiegel, in dem alles Dasein zu einem Ganzen verschmilzt.

Jetzt regt sich die Hoffnung, die Physik könne bald am Ende ihres großen Abenteuers angekommen sein. Viele der in Potsdam Versammelten glauben, am Horizont bereits die Konturen jener Formel erkennen zu können, der ihre Zunft seit mehr als 300 Jahren hinterhergejagt ist. „Die Schrift", meint Witten, „steht an der Wand." Das zur Vollendung benötigte Werkzeug sei die mathematische Beherrschung der Superstrings.

Doch indem sich die Weltformel allmählich der Neugier der Physiker zu entbergen beginnt, offenbart sie sich als so sinnlos wie grandios. Vermutlich wird der Mensch niemals einen praktischen Nutzen aus ihr ziehen können. [...]

Aus: Der Spiegel Nr. 30/1999, S. 182ff.

❒ *Erörtern Sie die Frage, ob es ein „aufgeklärtes Zeitalter" überhaupt geben kann bzw. ob der Vernunft nicht Grenzen gesetzt sind. Beziehen Sie in Ihre Ausführungen die vorliegenden Zeitungsartikel ein und stellen Sie Gemeinsamkeiten zum Weltbild des Doktors heraus.*

3.5 ❒ Der „dressierte Mensch“ oder „Zurück zur Natur“: Szene 18 und 3

Rousseau ist Wegbereiter der Aufklärung, allerdings einer, der dem Gefühl Geltung verschafft. Die in Szene 3 „Buden, Lichter, Volk“ vertretenen Ideen zeigen einen deutlichen rousseauistischen Einschlag, sodass es Sinn macht, die Analyse dieser Szene zu koppeln mit einer Aufarbeitung des Gedankenguts Rousseaus. In diesem Zusammenhang bietet sich zugleich auch die Auseinandersetzung mit Szene 18 „Der Hof des Doktors“ an, da die Welten, die Rousseau als unvereinbar gegenüberstellt – in dem Verhalten einerseits der Katze in Szene 18, die ihrer Natur folgt, und andererseits dem Woyzecks, der gesellschaftlichen Anforderungen Folge leisten will – thematisiert sind.

Rousseau ist ein unversöhnlicher Kritiker der Gesellschaft und Verfechter eines naturbelassenen Seins. Die vorliegenden Auszüge aus dem Erziehungsroman „Emil oder Über die Erziehung“ in der Textausgabe (S. 78–81) sollen Rousseaus Idee einer natürlichen Vernunft, die von der Zivilisation Abstand hält, nachvollziehen helfen. Herausgearbeitet werden sollte die Entgegensetzung von Gesellschaft und Natur. Die Gesellschaft wird als Hort allen Übels benannt und die Natur dagegen als gut. Rousseau fordert, da der Mensch erziehungsbedürftig ist, dass die Natur als Erzieher tätig wird. Wesentlich ist, dass der Mensch reift und aus sich heraus – ohne fremden Einfluss – eine „natürliche“ Vernunft entwickelt. Wo die Gesellschaft erzieht, bricht sie in den Reifungsprozess ein und setzt auf die von außen herangetragene Beeinflussung durch Lehre. Dadurch wird der Mensch sich selbst entfremdet. Deswegen ist alles gut, was aus der Hand des Schöpfers kommt. Sobald der Mensch Hand anlegt, beginnt, so die Meinung Rousseaus, alle Entartung. „Er will nichts so haben, wie es die Natur gebildet hat, selbst den Menschen nicht“ (Rousseau [12]1995, S. 11). In der voranschreitenden Entwicklung verschüttet der Mensch in seiner Maßlosigkeit mehr und mehr von der ihm eigenen „wahren Natur“. Rousseaus Schlussfolgerung: „Zurück zur Natur“.

Diese problematische Seite von Kultur und Gesellschaft hat Rousseau in seinem Werk umfassend und kritisch beleuchtet. Die Kultur- und Gesellschaftskritik Rousseaus hat Büchner im „Woyzeck“ aufgegriffen. Einige Gedanken von Rousseau (Textausgabe S. 78–81) sollen daher zunächst genauer betrachtet werden.

❒ *Gesellschaft und Natur stehen sich nach Rousseau widersprüchlich entgegen. Stellen Sie stichwortartig gegenüber, was Rousseau über die Natur sagt und worin er die Zivilisation kritisiert.*

Gesellschaftskritik nach Rousseau

Natur	Zivilisation
• Alles ist gut aus der Hand des Schöpfers (S. 79, Z. 6).	• Alles entartet und wird verstümmelt (S. 79, Z. 12).
• Fähigkeiten und Kräfte des Einzelnen werden entfaltet.	• Der Mensch wird dressiert (S. 79, Z. 16).
• Pflanzen werden gezogen (S. 79, Z. 29).	• Menschen werden erzogen (S. 79, Z. 29).
• Der natürliche Mensch ist in sich ruhend sowie eine Einheit, ein Ganzes (S. 80, Z. 1).	• Der Gesellschaftsmensch hat seinen Wert nur in Bezug zur Gesellschaft, ist Teil eines Ganzen (S. 80, Z. 3–5).
• Absolute Existenz (S. 80, Z. 7).	• Relative Existenz (S. 80, Z. 7).
• Entwicklung einer Ich-Persönlichkeit.	• Entwicklung eines allgemeinen Ichs (S. 80, Z. 8).
• Alle Menschen sind gleich (S. 80, Z. 18).	• Umkehrschluss: Die Menschen werden verschieden.
	• Verhältnisse lassen den unverbildeten Menschen keinen Raum.

Von hier aus können nun Parallelen zum „Woyzeck“ gezogen und Sachverhalte gegenübergestellt werden. Wenn Rousseau schreibt, dass alles „entartet“ und „verstümmelt“ unter der Hand des Menschen, so ist das Drama „Woyzeck“ beispielhaft angelegt, diese These plausibel erscheinen zu lassen.

- ❒ *Zeigen Sie – unter Berücksichtigung der Entfremdung – am Beispiel von Szene 18 „Der Hof des Doktors“ den qualitativen Unterschied zwischen Natur und Mensch auf. Berücksichtigen Sie in diesem Zusammenhang auch noch einmal das militärisch geregelte Verhältnis zwischen Woyzeck und Hauptmann.*
- ❒ *Warum kann sich die „Katze“ in Szene 18 auf der einen Seite natürlich gebärden und warum verhält sich Woyzeck auf der anderen Seite gegen alle Natur?*

„Der Mensch wird dressiert“, so heißt es bei Rousseau, und in der Tat ist Woyzeck zum einen als Mann des Militärs zum absoluten Gehorchen abgerichtet, der zu einer „Jawohl“ (S. 12) antwortenden Maschine verkümmert. Der Hauptmann macht sich seinen Spaß damit. Zum anderen ist er von der Wissenschaft dressiert worden in einer Form, wie es nicht einmal Tiere zulassen: Er muss sich vom Doktor in der Szene „Beim Doktor“ Vorhaltungen machen lassen, weil er vertragswidrig handelt, den natürlichen Trieb nicht beherrscht und an die Wand „pisst“. Schließlich Szene 18: „Der Hof des Doktors“: Woyzeck bewegt getreu den Anweisungen die Ohren, was noch das Geringste ist (S. 26, Z. 4f.), denn in der gleichen Szene flüchtet die Katze, zivilisationsunkundig wie sie ist und ohne „wissenschaftlichen Instinkt“ (S. 25, Z. 26f.), wie der Doktor meint, vor dem wissenschaftlichen Geist, während Woyzeck vertragsgebunden der Wissenschaft Dienste leistet und sich dabei körperlich ruiniert. So gilt es für ihn, den Stoffwechsel zu kontrollieren, wo die Natur diesem freien Lauf lässt, und an Ort und Stelle zu verbleiben, wo die Natur zur Flucht rät. Das Korsett, das die Gesellschaft Woyzeck anlegt, zwingt ihn zu widernatürlichem und des Menschen nicht würdigem Handeln. Das Gesellschaftssystem führt – in dieser büchnerschen Lesart des Gedankenguts Rousseaus – so im Zuge eines der Aufklärung folgenden Denkens zur fortschreitenden Selbstausbeutung und ruinöser Abhängigkeit und steht dem Menschsein entgegen. Woyzeck handelt entgegen seiner Natur und entartet, was seine Geliebte das Leben kostet und ihn zum Mörder macht. Sinngemäß nach Rousseau: Die Menschen werden verschieden. Deutlicher als in der Personenkonstellation Woyzeck, Doktor, Hauptmann, die repräsentativ Gesellschaftsschichten des Unten/Oben spiegeln, ist der Unterschied kaum zu zeigen.

- *Die Ideen Rousseaus finden sich im „Woyzeck" aufgenommen in der Szene 3 „Buden, Lichter, Volk". Untersuchen Sie die Szene, weisen Sie entsprechende Bezüge nach und legen Sie dar, wie Rousseaus Kritik verarbeitet wurde.*

Ausgehend von der Ergebnissammlung zu Rousseau wird Szene 3 gemeinsam gelesen und es werden erste Bezüge zu den Thesen Rousseaus hergestellt. Dabei sollten die Aussagen des Marktschreiers und des Ausrufers als zentral hervortreten. Einen ersten Hinweis auf ein fremdes Element (und damit Rousseau) bietet schon der französische Akzent. Sodann bieten die ersten Sätze des Ausrufers Anknüpfungspunkte, wenn von der „Kreatur" die Rede ist, die mit Rock, Säbel, Hose bekleidet schon als Baron erscheint. Die Dressur derselben tritt hervor (S. 8, Z. 27f.). Das verkleidete Pferd bei Büchner zeigt sich seiner Natürlichkeit entkleidet, wie der Mensch. Das Ergebnis sieht dann den Menschen, der sich dressiert und ausstaffiert zeigt und dem eigenen „wahren" Wesen nicht mehr genügt. Ein Fortschritt ist damit nicht gegeben. „[D]er äußere Schein macht das Wesen aus. [...] [D]ie Zivilisation habe es gegenüber der Natur zu keinen wahren Fortschritten gebracht – der Mensch sei nicht besser geworden als die unkultivierten Tiere" (^{3}1993: 59), paraphrasiert Meier Rousseaus Ansicht. All die Attribute, mit denen sich der Mensch bekleidet, sind bloßer Schein und aufgesetzt.

Nach Rousseau hat sich der Mensch im Zuge des Zivilisationsprozesses zunehmend von sich selbst entfremdet und versklavt. Denn verdeckt ist hier nur die in Regeln „gepresste" Natur des Individuums, die sich zuletzt doch Bahn bricht. Das Äußere (Kleidung) macht die Menschen, obwohl „natürlich" gleich (Mensch zu sein), äußerlich verschieden (Hauptmann, Doktor, Frisör ...). Die Natur bzw. die „natürliche" Bildung bietet jedem gleiche Startvoraussetzungen und Entwicklungschancen, die wirkliche Individualität entfalten lassen. Die Zivilisation dagegen zerstört die Chance gleicher und damit gerechter Entwicklung, denn sie bringt ungleiche – ungerechte – Strukturen hervor (z.B. Reichtum, Macht, Vorurteile, vgl. S. 81, Z. 8–19). Die gesellschaftliche Ungleichheit manifestiert sich im äußeren Erscheinungsbild, das sich als zivilisatorischen Wert ausgibt. So kann der Ausrufer dann auch sagen: „Sehen Sie die Fortschritte der Zivilisation. Alles schreitet fort, ein Pferd, ein Aff, ein Kanaillevogel! Der Aff ist schon ein Soldat, s' ist noch nit viel, unterst Stuf von menschliche Geschlecht!" (S. 9, Z. 7f.). Das kreatürlich Individuelle ist durch die Uniform zum Verkümmern verdammt, der Weg von – nach Rousseau – einer „absoluten" zu einer dem Individuum zuwiderlaufenden „relativen" Existenz ist vorgezeichnet (S. 80, Z. 7). „[D]as Vieh ist noch Natur, unideale Natur" (S. 10, Z. 11) und darf mit den Regeln der Gesellschaft gerade noch brechen (S. 10, Z. 10). Woyzeck aber sieht sich gesellschaftlichen Anforderungen, denen er nicht genügen kann, ausgeliefert.
Für den Fall, dass die Schülerinnen und Schüler Schwierigkeiten haben, Parallelen aufzudecken, können konkrete Aussagen Rousseaus thesenartig vorangestellt werden: die Idee der Dressur, die der Verschiedenheit der Menschen und die der Entartung/Verstümmelung sollten den Einstieg in die Vergleichsarbeit möglich machen.

3.6 ❒ Beziehung Doktor/Hauptmann – Szene 9: Straße

Die Personen Hauptmann und Doktor sind betrachtet worden in ihrem Verhältnis zu Woyzeck. Das Verhältnis von Hauptmann und Doktor in Szene 9 soll das erarbeitete Gesellschaftsbild vervollständigen.

❒ *Arbeiten Sie mit Kenntnis der bislang geleisteten Figurencharakterisierungen anhand der Szene 9 das Verhältnis zwischen Doktor und Hauptmann heraus.*

Zwei Welten stehen sich in einer gespannten Beziehung gegenüber, was sich schon in den humoristisch wirkenden, wiewohl mit Spitzen versehenen Anreden spiegelt. Hauptmann: „Teufel Sargnagel", Doktor: „Das ist Hohlkopf" (S. 17, Z. 29, 31). Die führende Rolle in diesem kurzen, verbalen Gefecht ist eindeutig dem Doktor zugewiesen. Der Hauptmann hält zwar – wie die Anrede vorgibt – vordergründig nicht viel von der Kunst des Doktors, allerdings sucht er beim Doktor Beruhigung für sein melancholisches Wesen und unterstellt sich implizit doch der Bildungswelt des Mediziners, was die spätere Herabwürdigung des Doktors relativiert. Der wiederum spielt ohne großes Rücksichtsgebaren seine gesellschaftliche Rolle einer Bildungsführerschaft aus (vgl. S. 17, Z. 14–24). Lateinische Fachvokabeln, die dem ungebildeten Hauptmann eine ihm unzugängliche Geheimwissenschaft vor Augen führen müssen, deuten aufseiten des Doktors ein Bewusstsein für ein heraufdämmerndes neues Machtmonopol an, das seine Führerschaft selbstbewusst annimmt und ausübt. Das Einzige, was der Hauptmann verdeutlicht bekommt, ist, dass diese machtvolle Geheimwissenschaft ihn zum Experimentalobjekt herabwürdigt. Die Bemühungen des Hauptmanns, Paroli zu bieten, sind daher nichts anderes als aus der überkommenen Funktion abgeleitet und zuletzt vergebliche Rückzugsgefechte. Die Welt des Doktors ist dynamisch und vorwärts schreitend, was den Hauptmann auch hier die „Zeit" anhalten und ihn die neue Welt zum Stillstand verleiten lassen will: „Rennen Sie nicht so" (S. 17, Z. 5). Diese ist aber längst enteilt.

Erst als Woyzeck hinzutritt, sind sie sich in ihrer überlegenen Position ihm gegenüber einig und spielen diese nun in gemeinsamer Verbundenheit grausam aus. Der Hauptmann deutet Woyzeck Maries Fehltritt mit dem Tambourmajor an und stößt Woyzeck in die größte Unruhe, die der Doktor mit wissenschaftlichem Interesse aufmerksam notiert.

❒ *Woyzeck bewegt sich im Spannungsverhältnis zwischen der überkommenen feudalen und der neuen, wissenschaftlich orientierten Ordnung. Zu jeder Ordnung steht Woyzeck in Abhängigkeit. Begründen Sie, warum das Abhängigkeitsverhältnis gegenüber dem Doktor schwerer zu durchschauen ist und daher möglicherweise auch schwerer wiegt.*

Der Hauptmann sucht mit Woyzeck seinen unseligen Spaß zu machen und quält ihn, indem er Andeutungen über Maries Untreue macht. Er zeigt damit noch ein Interesse an der Person, wenngleich dieses fraglos sehr zweifelhaft ist. Für den Doktor dagegen ist Woyzeck nicht einmal mehr als Person präsent, wo nur noch physiologisch bedingte Körperreaktionen registriert und finanziell vergütet werden. Mit der neuen Bildungs- und Führungsschicht, die sich anschickt, das alte Feudalsystem abzulösen, ändern sich die Verhältnisse für das einfache Volk nicht grundlegend, vielmehr zeigen sich die Abhängigkeitsverhältnisse nur neu definiert und diffiziler ausgestaltet. Der Hauptmann konnte noch unter Umständen zum Feindbild werden, da hier jemand manifest aufgrund seiner Stellung Befehle erteilt ohne zu fragen. Das Verhältnis Woyzeck-Hauptmann ist noch streng hierarchisch geprägt; im Verhältnis Doktor-Woyzeck dagegen wird eine scheinbare Ebenbürtigkeit unterstellt. Ein Feindbild existiert im Grunde nicht, da der Doktor keinen direkten Zwang ausübt, sondern der Zwang von Woyzeck selbst ausgeht, der sich „frei“ in die Situation begeben hat. Diffus und unpersonal sind die Machtverhältnisse nun geregelt.

Mit dieser abschließenden Beurteilung des Personengeflechts soll die Szene 8 in eine Schreibarbeit münden, die die Szene aus der Position der Agierenden erzählt. Dabei ist es notwendig, die erarbeiteten Geisteshaltungen und Artikulationsmöglichkeiten der jeweiligen Person zu berücksichtigen.

❐ *Sie nehmen alternativ die Rolle von Hauptmann, Doktor oder Woyzeck ein. Die Rahmenhandlung ist festgelegt und wird beibehalten. Schildern Sie aus der Rolle und Ich-Perspektive heraus die Szene, wie die Person sie wahrnimmt.*

Innerer Monolog zu Szene 9

HAUPTMANN:
Das Leben ist anstrengend, so anstrengend. Mir bleibt die Luft weg. Ich muss mich schonen. Diese Lauferei, ich spür's immer wieder, ist nichts für mich. Sieh an, da ist ja der Doktor. Er wirkt so geschäftig. Das mag ich nicht. Ganz und gar nicht. Diese Eile. Ein guter Mensch tut das nicht. Und diese Wichtigtuerei. Dieses Experimentieren, von dem doch keiner was versteht und das im Übrigen auch keiner braucht. Früher hatte alles noch seine Ordnung. Ich kann gar keinen rechten Gedanken fassen bei all dieser Anstrengung. Und so niedergeschlagen bin ich auch und das schon so lange. Immer wenn ich meinen Rock sehe. Wie er so an der Wand hängt – grauselig ...
Ich frag ihn vielleicht doch mal, was mir wohl so fehlen könnte. Nicht dass mir wirklich an dem Urteil gelegen wäre, aber man will ja nichts versäumen, wenn es um das eigene Wohl geht. Aber raten werd ich ihm auch ...

DOKTOR:
Da kommt er ja, der dicke Hauptmann, schlurft die Straße herunter und hält es wohl für Eile. Eilig haben es nur die geschäftigen Menschen, solche wie ich. Die halten die Welt in Gang, bringen sie voran. Da schau an, ich soll nicht so hetzen, meint er. Teufel auch, der keucht ganz schön. Vier Wochen gebe ich ihm, wenn das so bleibt. Genau betrachtet: apoplektische Konstitution. Das(!) gäbe einen interessanten Fall für meine Studien. Hab ich ihm natürlich auch gleich gesagt. Es wäre geeignet für eine gute Zusammenarbeit. Fraglos, ganz fraglos! Es wäre doch schade, wenn ein so fabelhaftes Forschungsobjekt einfach verloren ginge, ohne dass die Wissenschaft ihren Nutzen daraus ziehen könnte ...

WOYZECK:
Wie ist mir? Ich höre Worte: Rasiermesser, schneiden. An mir? Man könnte sich an mir schneiden? Wer spricht dort? Ich muss doch fort. Hab keine Zeit! Wieso hält man mich auf? Rasiermesser, schneiden! Der Hauptmann ist's und mein Doktor noch dazu! Sie machen mir Angst.
Was reden sie da von Barthaaren? Das kann nicht sein, der Tambour und meine Marie! Warum sagen sie so was? ...

❒ *Sie nehmen alternativ die Rolle von Hauptmann, Doktor oder Woyzeck ein. Die Rahmenhandlung ist festgelegt und wird beibehalten. Schildern Sie aus der Rolle und Ich-Perspektive heraus die Szene, wie die Person sie wahrnimmt, und nutzen Sie jeweils den für Ihre Rolle vorgegebenen Anfang und führen ihn weiter.*

3.7 ❒ Theaterwelt

Zur Erinnerung: „Woyzeck“ ist nicht für die Schule, sondern für das Theater geschrieben worden. So sollte, wo es sich nur irgend einrichten lässt, ein solcher Theaterbesuch auch angestrebt werden, um zu erfahren, wie in der Schule gewonnene Einsichten und Deutungsansätze theatralisch mit welchen Mitteln umgesetzt werden. Ersatzweise kann auch die Videoaufnahme einer Inszenierung herangezogen werden. Woyzeck, Doktor und Hauptmann sind die zentralen Personen im Drama. Mit der Herausarbeitung dieses konfliktträchtigen wie desaströsen Beziehungsgeflechtes könnte ein solcher Theaterbesuch angedacht werden. Ein Theaterbesuch fasziniert, manchmal langweilt er auch. Auf alle Fälle fällt es häufig schwer, im Nachhinein Gründe für den einen wie anderen Sachverhalt zu erforschen, geschweige denn Intentionen, die der Inszenierung innewohnten, dezidiert anzugeben. Daher sollten im Vorfeld eines solchen Besuches Beobachtungsaufgaben verteilt werden:

- Wie ist die Bühnenausstattung und wie ist der Raum genutzt worden?
- Auf welche Weise ist Licht eingesetzt worden?
- Wie sind die Protagonisten gekleidet?
- Wie ist mit Gesten umgegangen und nonverbal agiert worden?
- Gibt es im Zuge der sprachlichen Umsetzung Besonderes festzuhalten?
- Gibt es direkte oder indirekte Gegenwartsbezüge?
- Gibt es Szenenumstellungen, fehlen welche oder gibt es regierelevante Einfälle und Eingriffe (symbolisch Aufgeladenes) und somit Ergänzungen, die Intentionen vorantreiben?

Wichtig in diesem Zusammenhang ist es, dass die Schülerinnen und Schüler sich jeweils nur „einer“ Aufgabe widmen. Wo man alles auf einmal im Blick halten möchte, fällt nur noch das plakative Extrem, der überraschende Effekt auf. Das unbewusst Wirkung zeigende Detail verbleibt dabei im Hintergrund.

Mitunter besteht auch die Möglichkeit, Gespräche mit Verantwortlichen zu führen. Auf diese Weise können nach einer Vorstellung relativ schnell Fragen zur Inszenierung entwickelt werden.

Durch die Beschränkung auf „eine“ Beobachtungsaufgabe ist im Übrigen keine Überforderung gegeben, sodass der Spaß an der Unterhaltung durchaus erhalten bleibt.

Nicht immer besteht die Möglichkeit zum Theaterbesuch. In diesem Falle sollte die Theaterkritik der Textausgabe (S. 109–111) herangezogen werden. Es wird zunächst der Unterrichtsstoff in geraffter Form mit Arbeitsblatt 9 „Theater und Kritik“ vorgelegt:

Notizen

Theater und Kritik

Kommunikationslosigkeit:	Der Hauptmann redet nicht mit Woyzeck, sondern lamentiert über sein Leben und verficht, wenn er nicht gerade Befehle erteilt, ansonsten leere Phrasen. Seine Rede ist an sich selbst gerichtet. Der Doktor hofiert das Ideal der geistigen Freiheit und ist blind für das reale Leid. Das spricht für sich selbst. Auch seine Rede geht ins Leere. Alle anderen stammeln, versuchen sich auszudrücken, ohne das Gegenüber zu erreichen.
Langeweile:	Hauptmann: Für das Establishment gibt es, überlebt wie es ist, nichts zu tun, außer die Zeit sich zu vertreiben und zum Stillstand zu mahnen.
Fortschritt:	Doktor: Bewegt werden aber von einer neuen Führungsschicht fortschrittliche Ideen, was den Geist selbstbewusst auf Trab bringt und den Menschen vergessen lässt.
Zeit:	Woyzeck muss sich unermüdlich bewegen, ohne Pause – einem Uhrwerk gleich, um ein Leben zu leben, das in diesem treibenden Rhythmus nie lebenswert werden kann.
Leben:	Das Leben findet im rhythmischen Zeittakt nicht statt: Die Liebe, die verloren geht, die Lust, die nicht gestattet ist (Woyzeck + Marie), und das Leben, das zuletzt genommen wird (Marie).
Gesichtslose Masse:	Woyzeck ist eine Figur, die zum Funktionieren bestimmt ist und individuell nicht ge- oder beachtet wird. Sie wird nach dem Bild von Idealen geformt („der Mensch ist frei") oder danach beurteilt (er hat ein Kind ohne den Segen der Kirche).
Gesellschaft:	Das Netzwerk von Beziehungen, das die vernetzten Einzelwillen zu einem recht eigenwilligen Ganzen fügt. Gesellschaft formt nach ihren eigenen Gesetzen, setzt in Szene (Doktor), lässt fallen (Hauptmann), verbraucht, ohne zu fragen (Woyzeck, Marie ...).
Individuum:	Versucht, ein wenig mitzugestalten, zu formen am großen Ganzen und an sich selbst, und mit Glück trifft es den Zeitgeist (siehe Doktor), oder der Zeitgeist ermöglicht das Mitschwimmen (Tambourmajor). Wird auf alle Fälle zur Verantwortung gezogen (Idealismus).

❒ *Welche hier in Stichpunkten präsentierten Schwerpunkte setzte die Gotscheff-Inszenierung (Textausgabe S. 109–111) um? Legen Sie dar, auf welche Weise sie realisiert wurden. Berücksichtigen Sie in diesem Zusammenhang auch die Bilder aus der Inszenierung auf den Seiten 107 und 110. Was wird auf den Fotos zum Ausdruck gebracht?*

Mit dieser Summe von prägnanten Kurzstatements kann die Theaterkritik daraufhin untersucht werden, wie einzelne Aspekte szenisch umgesetzt wurden. Denkbar wäre es auch, allein die auf der linken Seite des Arbeitsblattes 9 „Theater und Kritik" präsentierten zentralen Schlagwörter auf der Tafel darzubieten, die die Schülerinnen und Schüler im Sinne einer Wiederholung mit Inhalt zu füllen hätten. Das kann im Rahmen eines Unterrichtsgesprächs erfolgen, aber auch im Zuge eines Clusterverfahrens.

❒ *Welche hier in Stichpunkten präsentierten Schwerpunkte setzte die Gotscheff-Inszenierung (Textausgabe S. 109–111) um? Legen Sie dar, auf welche Weise sie realisiert wurden. Berücksichtigen Sie in diesem Zusammenhang auch die Bilder aus der Inszenierung auf den Seiten 107 und 110. Was wird auf den Fotos zum Ausdruck gebracht?*

Diese Arbeitsaufgabe soll im Rahmen einer Gruppenarbeit bewältigt werden. Dazu werden jeweils ein oder zwei Begriffe/Statements einer Gruppe zugewiesen, die den Text allein unter diesen Gesichtspunkten untersuchen und Inszenierungsideen und Deutungshypothesen zusammentragen. Allein der erste Absatz der Theaterkritik der Textausgabe bietet eine Summe von deutungsrelevanten Ansätzen zum zu behandelnden Begriff „Gesellschaft": „Free-Jazz-Musik", „Exerzierplatz der Kommunikationslosigkeit", „das Tippeln auf der Stelle", „das Radeln in der Luft", ... Zugleich spiegeln die Fotos Lebenslust (Marie + Tambourmajor) und Verschlossenheit (Woyzeck) in einem. Ziel ist es zuletzt, den gleichen Text unter immer anderen, graduell verschiedenen Schwerpunkten zu beurteilen, sodass der einen Gruppe in den Blick geraten kann, was der anderen verborgen bleibt.

Baustein 4

Gewalt(tät)ige Sprachwelten

Der gebundene Stil des geschlossenen Dramas weicht bei Büchner dem „ungebundenen“ (V. Klotz) bzw. dem „Konventionen sprengenden Stil“ (G. Bauer). Entgegen der traditionellen Dichtung wird ein eher „natürlicher“ Sprachstil gewählt. Er ist dadurch gekennzeichnet, dass die gewohnte Verssprache aufgebrochen ist und die Syntax nicht mehr allein dem Regelkanon folgt. Im Ergebnis erhält die Alltagssprache – durch die gestaltende Hand des Dichters – Eingang in die dramatische Dichtung.

Zentral geht es um die Analyse der Sprache im Woyzeck und um ihre Funktion im dramatischen Zusammenhang:

- Die Szene 4 „Kammer“, die Szene 10 „Die Wachstube“ und – nun speziell unter sprachlichen Gesichtspunkten – noch einmal die Szenen 5, 8 und 9 werden näher beleuchtet.
- Das Märchen in Szene 19 „Marie mit Mädchen vor der Haustür“, das als Dramenkommentar besondere Bedeutung erfährt, wird untersucht.

Sprache dient in der Regel der Verständigung. Menschen tauschen sich aus. Nicht so im „Woyzeck“. Die Rede des Hauptmanns gründet in Befehl und Gehorsam und ist gerade nicht am Austausch interessiert. Es ist eine Sprache, mit der Macht ausgeübt wird. Die Sprache des Doktors verfährt als Geheimwissenschaft. Indem er wissenschaftliche, unverständliche Begriffe verwendet, macht er das Gegenüber stumm. Wer nicht versteht, muss schlicht glauben und schweigen. Woyzeck wiederum ist nicht fähig zum Ausdruck. Der beginnende Wahn, der sich Worte sucht und doch nicht findet, isoliert ihn auch unter Seinesgleichen, nur das Messer spricht schließlich eine deutliche Sprache. Aber auch Andres, Marie und der Tambourmajor sind der gewandten Sprache nicht mächtig und somit ohnmächtig. Andres singt, wo ihm die Worte fehlen, oder verbleibt auf der Ebene der schlichten Satzkonstruktion, die ein Denken spiegelt, das zum komplexen Gedankengang nicht fähig ist. So fehlen auch ihm die Worte. Der Tambourmajor („Ich bin ein Mann!“, S. 22, Z. 18) wählt – wo es darauf ankommt – statt der Worte lieber die Muskelkraft und lässt diese sprechen, um sich zu „explicirn“. Marie wiederum vermag sich ebenfalls nicht auszudrücken, spricht fragmentarisch, elliptisch, den anderen ihres Standes gleich. Und dort, wo die Großmutter die Wahrheit spricht, sind es nicht die Wortes des Volkes, sondern märchenhafte, die reden helfen, wo eigene Worte fehlen. Und so sind es fremde Worte, wie ganz allgemein an anderer Stelle das Bibelwort und auch die Lieder dem einfachen Volk artikulieren helfen, wo ansonsten bestenfalls nur ein Stammeln zu verorten ist – wenn überhaupt! Aber „angesprochen“ ist Marie vom Körperhaften – von der stattlichen Statur des Mannes. Diese Sprache versteht sie. Auch Woyzeck versteht diese noch, aber er ist nicht mehr imstande, sie zu „sprechen“.

4.1 ❐ Die Sprache des Volkes

Sprachanalyse Szene 4: Kammer
Die Sprache des Volkes durchzieht das Drama und wird nicht allein von Woyzeck benutzt, sondern natürlich auch von den übrigen Vertretern des einfachen Volkes wie Andres, dem Tambourmajor und auch von Marie. Einige sprachliche Elemente, mit denen das Volk sich Ausdruck verleiht, sind in Szene 4 enthalten und an Beispielen herauszuarbeiten.

Dazu wird das Arbeitsblatt 10 (S. 68) „Sprachanalyse" ausgeteilt, wobei zunächst nur Aufgabe 1 und nur die ersten 6 Spalten zu behandeln sind.

❐ *Analysieren Sie die sprachlichen Mittel in Szene 4 „Kammer".*

Zitat	**Sprachliche Form**	**Funktion**
„Was die Steine glänze!" (S. 10, Z. 27), „Was der Bub schläft." (S. 11, Z. 24), „Ich bin doch ein schlecht Mensch" (S. 11, Z. 32) ...	Dialektale Färbung, falsch gesetzte Fragepronomen, falsche Syntax	• Die mangelnde Sprachbeherrschung verdeutlicht den Mangel an Bildung. • Bedürfnisse können nur unzureichend artikuliert werden. • Der Einzelne verbleibt in der Isolation. • Über die Sprache wird ein sprachloses und damit ohnmächtiges Volk dokumentiert.
„S' ist gewiss Gold!" (S. 11, Z. 7), „Wie 's an der Wand läuft" (S. 11, Z. 13) „S' ist gut Marie" (S. 11, Z. 24) ...	Umgangssprachliche Verkürzungen	
„Was sind 's für?" (S. 10, Z. 27f.), „Nix" (S. 11, Z. 19), „Heute Abend, Marie." (S. 11, Z. 31), „Ich hab so noch nix gefunden" (S. 11, Z. 22), „alles Arbeit unter der Sonn" (S. 11, Z. 26) ...	Ellipsen	
„Schlaf Bub! Drück die Auge zu, fest [...] noch fester, bleib so, still oder er holt dich" (S. 10, Z. 28–S. 11, Z. 2), „Greift ihm unters Ärmchen, der Stuhl drückt ihn. Die hellen Tropfen stehn ihm auf der Stirn" (S. 11, Z. 24f.) ...	Aneinandereihung von kurzen Haupt- oder Befehlssätzen, parataktische Struktur	
„Lasset die Kindlein zu mir kommen" (S. 13, Z. 3f.)	Bibelworte	• Versuch sich über andere Wege auszudrücken
„Mädel mach 's Ladel zu, / S' kommt e Zigeunerbu, / Führt dich an deiner Hand / Fort ins Zigeunerland" (S. 11, Z. 3–6)	Volkslieder	• Dto. Ist zugleich aber auch, siehe Andres, dem berühmten „Pfeifen im Walde" gleich: sich selbst Mut zusprechen

Die Beispiele haben exemplarischen Charakter, auch im Unterricht sollte nicht auf eine vollständige Sprachanalyse abgehoben werden. Da die sprachlichen Formen, die beispielhaft am Text zu erarbeiten sind, auf dem Arbeitsblatt schon vorgegeben sind, kann die Aufgabe auch erweitert werden, sodass zugleich weitere Szenen berücksichtigt werden können (Bsp. Szene 5: Bibelzitate).

Sprachanalyse

Zitat	Sprachliche Form	Funktion
Szene 4	Dialektale Färbung, falsch gesetzte Fragepronomen, falsche Syntax	
	Umgangssprachliche Verkürzungen	
	Ellipsen	
	Aneinanderreihung von kurzen Haupt- oder Befehlssätzen, parataktische Struktur	
	Volkslieder	
Szene 5 und ...	Bibelworte	
Szene 5 und 8	Wissenschaftssprache	
	Gebrauch des Imperativs, Sprache des Militärs	

1. *Analysieren Sie unter Berücksichtigung der hier vorgegebenen sprachlichen Formen die sprachlichen Mittel in Szene 4 „Kammer".*
2. *Untersuchen Sie anschließend anhand der Szenen 5 und 8 das Sprachverhalten von Hauptmann und Doktor und vervollständigen Sie nun die oben stehende Tabelle.*

Die hier angegebenen Beispiele lassen die Reduziertheit der Sprache hervortreten. Verknappte Gedanken, die zur übergreifenden Reflexion und zum Austausch sich kaum eignen. Einzig der Satz über die „großen Madamen" ist ausgeprägt, ansonsten bestimmen kurze Sätze die Szene. Hier steht weniger der aufeinander eingehende und sich dabei entfaltende, Klarheit bringende Dialog im Zentrum, sondern die Proklamation. Entwicklung ist so kaum möglich, die Isolation, die schon im eigenen Denken beginnt und dieses bestimmt, kann nicht überwunden werden.

Sprachanalyse Szene 10: Die Wachstube
Ergänzend zu Szene 4 „Kammer" kann Szene 10 „Die Wachstube" in Stillarbeit bearbeitet und auf die sprachlichen Mittel hin untersucht werden, da diese Szene, trotz ihrer Kürze, prägnant die Reduziertheit einer fragmentierten Sprache spiegelt, die tiefes Verstehen unmöglich macht.

❑ *Analysieren Sie die sprachlichen Mittel in Szene 10 und unterziehen Sie die Szene mithilfe der erarbeiteten sprachlichen Mittel einer Deutung.*

Das Lied steht am Beginn, ersetzt das eigene Wort, das folgende Reden verliert sich in Ausrufen, „Andres!", „Nu?", „Schön Wetter" (S. 19, Z. 29ff.), und noch der folgende Satz gleicht einer Aneinanderreihung von Schlagworten, umgangssprachlich, elliptisch reduziert, parataktisch gereiht: „Sonntagswetter. Musik vor der Stadt. Vorhin sind die Weibsbilder hinaus, die Mensche dampfe, das geht" (S. 20, Z. 1f.). Ein solches Reden verliert sich zunehmend im Kryptischen, sofern nur die oberflächliche Ebene des Konkreten verlassen wird. Das wiederholte und varriierte „Tanz, Tanz" (S. 20, Z. 3, 5 und 13) Woyzecks kann von Andres nicht anders als konkret gedeutet werden, die innere Unruhe nicht nachvollzogen, ja nicht einmal recht nachgefragt werden („Narr!", S. 20, Z. 11).

❑ *Schreiben Sie nun die Szene um, sodass das sprachlich Reduzierte aufgehoben wird und in wohlgesetzten Worten – in Hochsprache – erklingt. Lassen Sie Andres und Woyzeck einander begegnen, sich mitteilen und auch erklären, was sie sich mitzuteilen suchen.*

❑ *Tragen Sie Ihre Dialogvorstellungen in Form einer Lesung mit verteilten Rollen vor.*

Erwartet wird von den letzten beiden Aufträgen, dass die Fülle des Nichtgesagten, das in der Szene mitschwingt, auf diese Weise zum Ausdruck kommt.

4.2 ❑ Sprache der Macht und Ohnmacht

Die vorab geleisteten Analysen bieten Einsicht in die Volkssprache (Arbeitsblatt 10). Auch der Doktor und der Hauptmann zeichnen sich sprachtypisch aus. Mit Blick auf die ausführliche Behandlung der Szenen 5 und 8, die in Baustein 3 geleistet wurde, können die sprachtypischen Elemente, die dort implizit schon Erwähnung gefunden haben, im Unterrichtsgespräch ohne größere Schwierigkeiten erarbeitet und das Arbeitsblatt 10 kann um die entsprechenden Ergebnisse ergänzt werden.

❑ *Untersuchen Sie das Sprachverhalten von Hauptmann und Doktor und ergänzen sie nun die Tabelle (Arbeitsblatt 10).*

Das Sprachverhalten von Hauptmann und Doktor

Zitat	Sprachliche Form	Zweck
„Harnstoff 0,10, salzsaures Ammonium, Hyperoxydul“ (S. 15, Z. 22ff.)	Wissenschaftssprache	Überlegenheitsgeste, Ausübung von Macht durch das Wort, Geheimwissenschaft
„Geh jetzt und renn nicht so“ (S. 13, Z. 33), „Er ist dumm, ganz abscheulich dumm“ (S. 12, Z. 29f.)	Gebrauch des Imperativs, Sprache des Militärs, herablassender Sprachgebrauch	Ausdruck von Macht dem Ohnmächtigen gegenüber

❐ *Haben Sie, als Sie die Szene 8 gelesen haben, die Ihnen im Text unbekannten Begrifflichkeiten nachgelesen? Falls nein, warum eigentlich nicht?*

Es darf angenommen werden, dass die Schülerinnen und Schüler den medizinisch klingenden Begriffen nicht so viel Aufmerksamkeit geschenkt haben, auch weil das Textgeschehen ohne deren Kenntnis verfolgt werden konnte. Von Interesse aber könnte für sie sein, dass in einem Fall ein Begriff gewählt wurde, der paradox formuliert wurde und im Grunde blanken Unsinn ausdrückt: „Hyperoxydul“. Der Begriff ist in der chemischen Nomenklatur nicht nachweisbar. Er stellt einen Widerspruch in sich selbst dar, denn Oxydule sind sauerstoffarme Verbindungen, während das Präfix „Hyper“ sauerstoffreiche Verbindungen kennzeichnet (vgl. Bornscheuer 1995: 11f.). Büchner scheint die Karikatur des Doktors auch auf dieser Ebene weiterzuschreiben. Wo dieser Begriff von Schülerinnen und Schülern schlicht akzeptiert wird, sind sie im Grunde ebenfalls dem Blendwerk der kryptischen Sprache zum Opfer gefallen, da diese nicht in Zweifel gezogen oder hinterfragt, sondern als bedeutungsvoll akzeptiert wurde.

4.3 ❐ Märchen – Predigt

Das geschlossene Drama zeigt eine nachvollziehbare Entwicklung. Durch den Dialog schreitet die Handlung voran und macht den gedanklichen Nachvollzug möglich. Diese Möglichkeit fehlt im „Woyzeck“, wo Reden Nicht-Verstehen impliziert und das architektonische Bauwerk einem diskontinuierlichen Flickwerk weicht: Eingestreute Kommentare treten an die Stelle des verständnisvollen Dialogs.

Märchenwelten

Vermittelt werden soll den Schülerinnen und Schülern Unterschiedliches: Zum einen soll dargestellt werden, dass das Märchen im „Woyzeck“ einem Spiegel gleich die Lebenswelt Woyzecks abbildet. Ein Spiegel, mit dessen Hilfe Büchner auch seinen reflektierenden Kommentar zum „Woyzeck“ und allgemeiner noch zur Gesellschaftsordnung des 19. Jahrhunderts gibt. Diese Kommentarleistung ist herauszuarbeiten. Zugleich aber auch, dass die Märchenwelten des einfachen

Volkes mit ihren entsagungsreichen Lebensangeboten und Weisheiten weder Trost noch Entlohnung im realen Leben bieten, sondern das Unglück eher noch verfestigen bzw. weiter befördern.

An den Anfang gestellt ist folgende Frage:

❒ *Welche Märchen sind Ihnen aus Ihrer Kindheit noch im Gedächtnis und was verbinden Sie mit ihnen? In welchen Zusammenhängen haben Sie Märchen kennen gelernt?*

Mit den hier geschilderten Eindrücken wird der Blick auf das Märchen im „Woyzeck“ gelenkt. Schon hier werden sich Widersprüche zu den eigenen Leseerfahrungen auftun. Anschließend werden „Die Sterntaler“ (Textausgabe S. 63) und das Märchen im „Woyzeck“ vorgelesen. Die offensichtlichen Widersprüchlichkeiten werden im nächsten Schritt über einen Vergleich des Aufbaus beider Märchen dokumentiert.

❒ *Gliedern Sie das Märchen „Die Sterntaler“ und zeigen Sie Parallelen und Unterschiede zum büchnerschen Märchen auf. Setzen Sie dazu auch die Person Woyzeck in Beziehung.*

Vergleich: Büchners Märchen und „Die Sterntaler“

Grimms Märchen: „Die Sterntaler“	• Not zwingt kleines Kind zum Aufbruch. • Vertraut auf und glaubt an Gott.	• Gibt sein Letztes hin, erduldet Entbehrungen. • Bleibt in seinem Glauben/Vertrauen gefestigt.	• Moral: Einem gottgefälligen, gläubigen Leben wird Gerechtigkeit widerfahren. • Folge: Erlösung.
Märchen der Großmutter	• Not zwingt armes Kind zum Aufbruch. • Vertraut auf den Schein der Himmelswelt (= Gott).	• Erduldet Entbehrungen, erleidet Enttäuschungen. • Bleibt hoffnungsfroh und vertraut weiter.	• Moral: Wer seine Hoffnungen im guten Glauben auf den Himmel setzt, wird enttäuscht. • Folge: Trostlosigkeit, Einsamkeit.
Kommentar bezüglich Woyzeck	• Not zwingt Woyzeck zum steten Aufbruch, unermüdlichen Schaffen. • Vertraut auf die gesellschaftlichen Normen.	• Gibt sein Letztes hin, erduldet Entbehrungen, erleidet Enttäuschungen. • Setzt seine Hoffnung auf gerechten Lohn und Lebensglück.	• Moral: Unkritischer Glaube an die Gerechtigkeit der Welt ist trügerisch. • Folge: Katastrophe, Einsamkeit.

Im Sterntaler-Märchen agiert ein schwer vom Schicksal getroffenes „kleines“ Kind, das, ohne Rücksicht auf eigenes Leid, trotz allem dem Nächsten selbstlos hilft. Duldsamkeit lässt das Kind das eigene Los klaglos ertragen. Die Verhältnisse so akzeptierend, wie sie sind, widerfährt ihm schließlich doch Gerechtigkeit von einer Gerichtsbarkeit, die nicht von dieser Welt ist. Nackt in der Welt stehend und allein öffnet sich der Himmel und entlohnt die fraglose Güte. Damit wird das Schicksal in fremde Hände gelegt im Vertrauen auf die eines Tages Recht sprechende höhere Instanz. Deutlich ist, dass hier ein teleologisches Motiv eine Rolle spielt: Ein gutes und gottgefälliges Leben führt zur Erlösung.

Zieht man Büchners Märchen zum Vergleich heran, ist zunächst festzuhalten, dass die Ausgangssituation in beiden Märchen identisch ist. Der Tod von Vater und Mutter zwingen ein nunmehr „armes", mittelloses Kind zum Aufbruch. Der Weg ist voll der Enttäuschungen wie Entbehrungen, was den Glauben an (oder die Hoffnung auf) ein besseres Leben aber nicht beeinträchtigt. Auch hier ist eine Parallele anzugeben: der in sich gefestigte Glaube, der weiterschreiten lässt, allen Entbehrungen und Enttäuschungen zum Trotz. Bis hierhin folgt das büchnersche Märchen dem grimmschen Vorbild, wobei zu ergänzen ist, dass Büchner auch auf das Märchen „Die sieben Raben" Bezug nimmt. Der Unterschied ergibt sich allein aus dem Wegesziel. Das teleologische Motiv entfällt, da die Erlösung sich nicht einstellt. Das Heilsversprechen, symbolisiert im Schein des Himmels (Mond, Sonne, Sterne), entlarvt er als ein trügerisches. Die Realität kennt keine transzendente Erlösungsgestalt, auf die das Kind im Märchen noch vertrauen kann, oder sie stellt sie zumindest in Zweifel. „Deus ex machina", im Theaterspiel rettende wie richtende Instanz, ist im freien Weltenspiel eine sehr zweifelhafte Hoffnung. So folgt dem trostlos geführten Leben und der Hoffnung auf Besserung am Ende mit der Rückkehr zur Erde die Enttäuschung, es bleibt, wie im büchnerschen Märchen, allein „ein umgestürzter Hafen" (S. 27, Z. 11f.) und ein trostloses, einsames Sein übrig. Die waltende höhere Gerichtsbarkeit ist reiner Schein. Wo immer sie vermutet wird, entpuppt sie sich als ein „Stück faul Holz" oder auch als eine „verreckt Sonneblum" (S. 27, Z. 8).

Aus diesem Vergleich heraus werden anschließend im Unterrichtsgespräch die Parallelen zum Woyzeck verdeutlicht und wird die Tabelle vervollständigt. Woyzeck vertraut auf die Gerechtigkeit der Welt, setzt seinen Glauben in eine Gesellschaft, deren Normen er zu genügen sucht. Er, der stets im Aufbruch begriffen ist, hat keine Zeit, nimmt gar gesundheitliche Schäden klaglos in Kauf. So gibt er sein Letztes, wie das Kind im Märchen der Gebrüder Grimm auch noch sein letztes Hemd fortgibt. Was er aber bekommt, ist – aller erlittenen Entsagungen zum Trotz – weder Dank noch Gerechtigkeit. Allein Enttäuschungen sind ihm vorbehalten.

Die kritischen Gedanken zu den Moralvorstellungen des Märchens sollen abschließend in eine kreative Schreibaufgabe einmünden (Arbeitsblatt 11: „Sterntaler im neuen Lichte"), indem das Märchen „Die Sterntaler" – unter Beibehaltung des Grundgerüstes – mit einem neuen Inhalt gefüllt wird. Als Vorlage dient die Version von Fritz Deppert aus dem Jahre 1972: „Sterntaler". Dabei sollte eine Aktualisierung angestrebt werden.

Das Märchen bei Büchner stellt, wie auch die deppertsche Version und die der Schülerinnen und Schüler, eine kritische Reflexion dar. Mit diesem Wissen lässt sich im Unterrichtsgespräch der Bogen zu der Frage schlagen, welche Bedeutung das Märchen im „Woyzeck" einnimmt, wenn es – mitten im Drama – das Ende schon vorwegnimmt. Das Heraustreten aus dem Geschehen, das kommentierende Element zeigen sich.

- *Überprüfen Sie, welche Rolle die Großmutter, bezogen auf das ganze Drama, spielt und ob die Szene mit dem Märchen Einfluss auf den weiteren Verlauf nimmt. Erläutern Sie den gegebenen Gattungswechsel. Leiten Sie aus den Ergebnissen die Sonderstellung und Funktion des Märchens ab.*

Die Großmutter tritt nur in dieser Szene auf und die Szene selber ist für den Handlungsverlauf nicht wesentlich, was für eine Sonderstellung spricht. Aus dem Rahmen fällt auch die Wahl der Gattung. Mit dem Märchen im „Woyzeck" wird die dramatische Form zugunsten der epischen aufgegeben, was Hinweis für ein Heraustreten aus dem dramatischen Geschehen ist. Es wird durch den Gattungswechsel zur Epik Distanz zum dramatischen Geschehen geschaffen, aus der heraus der Kommentar geleistet werden kann.

Die Ergebnisse können folgendermaßen zusammengetragen werden:

Die Funktion des Märchens im Drama

Märchen →	Kommentar zum „Woyzeck"/ zur Gesellschaft, reflektiert das Geschehen aus der nüchtern analysierenden Distanz, schaut zurück und nimmt vorweg
Epik →	Distanz zum dramatischen Geschehen durch Gattungswechsel
Großmutter →	Einmaliges Auftreten: Indiz für Kommentar Büchners
Szene →	Nimmt keinen Einfluss auf den Fortgang des Geschehens: Indiz für Kommentar Büchners

Predigt

Der Handwerksbursche in Szene 11 philosophiert über den Menschen in einer seinem Stand unbekannten Weise. Er stellt die Frage, warum der Mensch denn sei, und stellt die Welt Gottes und die darin verankerte Bestimmung des Menschen in Frage, indem er alles auf Menschenmaß reduziert. Auch hier wird das teleologische Prinzip des Idealismus einem irdischen, realistischen gegenübergestellt, bei dem die Menschen füreinander Grund genug sind, im Diesseits zu leben, ohne dass es einer Jenseitsbestimmung bedürfte.

Die Schülerinnen und Schüler sollten auf die Szene explizit aufmerksam gemacht werden und die Aufgabe erhalten, sie daraufhin zu sichten, ob darin Personen eine nicht standesgemäße Sprache sprechen, woraus sich eine Kommentierung Büchners ableiten lässt. Die Szene 3 „Buden, Lichter, Volk", die im Baustein 3,5 angesprochen wird, ist ebenfalls Kommentar zum Drama und kann entsprechend untersucht werden.

Notizen

Sterntaler im anderen Lichte

Fritz Deppert: Sterntaler (1972)

Vater und Mutter waren umgebracht worden. Es besaß nichts als zerfetzte Kleider auf dem Leib und Brot in der Hand, das ihm die Soldaten schenkten, die Vater und Mutter töteten. Es hoffte auf den lieben Gott – als es noch eine Schule gab, hatte es dort von ihm gehört – und ging auf ein freies Feld. Dort begegnete ihm ein alter Mann und nahm ihm das Brot weg. Das Mädchen hatte in einem Märchenbuch Ähnliches gelesen. Es freute sich, hielt es für ein gutes Zeichen, blieb stehen und wartete auf die Kinder, denen es seine Kleider schenken musste. Sie kamen. Sie waren drei. Sie waren größer als das Mädchen, schlugen es, rissen ihm die Kleider vom Leib. Es freute sich, weil es auch das so ähnlich gelesen hatte.
Als es nun auf dem freien Feld stand und sich freute und auf den lieben Gott hoffte, fielen Sterne aus dem Himmel. Als sie auf den Boden trafen, detonierten sie.

Aus: Fritz Deppert: Literarische Hefte 42. Berlin Ost 1972

❒ *Verfassen Sie selbst ein Märchen mit dem Titel „Die Sterntaler". Ersinnen Sie eine neue Rahmenhandlung, ganz ähnlich wie dies Fritz Deppert hier mit dem thematischen Schwerpunkt „Krieg" getan hat. Behalten Sie dabei den groben Aufbau der Vorlage bei.*

Baustein 5

Büchners Literatur- und Kunstauffassung

Die Annäherung an die büchnersche Dramenkonzeption wird auf folgende Art und Weise gesucht:

- Zunächst wird anhand dreier Textauszüge, dem so genannten „Fatalismusbrief“ sowie Auszügen aus der Novelle „Lenz“ und dem Drama „Dantons Tod“, Büchners Abkehr vom klassischen Drama und seiner Neukonzeption eines realistischen dargelegt.
- Anschließend wird das Clarusgutachten unter dem Gesichtspunkt gelesen, inwieweit es dem Drama als historische Vorlage gedient haben mag.
- Des Weiteren werden offenes Drama und geschlossenes Drama als Dramenkonzeption generell aufgearbeitet.
- Zum Schluss werden produktionsorientierte Anregungen zur Erarbeitung einer eigenen Szenenfolge dargeboten.

5.1 ❐ Gegenüberstellung von idealistisch klassischem und realistischem Theater

Der Brief „An die Familie“ vom 28. Juli 1835 (Textausgabe S. 52f.) sowie die Textauszüge aus „Dantons Tod“ und „Lenz“ spiegeln die Kunstauffassung Büchners. Aufgabe ist, sein Kunstverständnis der klassischen Kunstauffassung gegenüberzustellen, die er ebenfalls in seinen Briefen benennt und kritisiert (Arbeitsblatt 12a und b „Literatur und Kunstauffassung“).

Literatur- und Kunstauffassung

CAMILLE. Ich sage euch, wenn sie nicht alles in hölzernen Kopien bekommen, verzettelt in Theatern, Konzerten und Kunstausstellungen, so haben sie weder Augen noch Ohren dafür. Schnitzt einer eine Marionette, wo man den Strick hereinhängen sieht, an dem sie gezerrt wird und deren Gelenke bei jedem Schritt in fünffüßigen Jamben krachen – welch ein Charakter, welche Konsequenz! Nimmt einer ein Gefühlchen, eine Sentenz[1], einen Begriff, und zieht ihm Rock und Hosen an, macht ihm Hände und Füße, färbt ihm das Gesicht und lässt das Ding sich drei Akte hindurch herumquälen, bis es sich zuletzt verheiratet oder sich totschießt – ein Ideal! [...]
Setzt die Leute aus dem Theater auf die Gasse: die erbärmliche Wirklichkeit! – Sie vergessen ihren Herrgott über seinen schlechten Kopisten. Von der Schöpfung, die glühend, brausend und leuchtend, um und in ihnen, sich jeden Augenblick neu gebiert, hören und sehen sie nichts. Sie gehen ins Theater, lesen Gedichte und Romane, schneiden den Fratzen darin die Gesichter nach und sagen zu Gottes Geschöpfen: wie gewöhnlich!

Büchner: Dantons Tod, Stuttgart: Reclam 1983, S. 35

[Lenz] sagte: Der liebe Gott hat die Welt wohl gemacht, wie sie sein soll, und wir können wohl nicht was Besseres klecksen; unser einziges Bestreben soll sein, ihm ein wenig nachzuschaffen. Ich verlange in allem – Leben, Möglichkeit des Daseins, und dann ist's gut; wir haben dann nicht zu fragen, ob es schön, ob es hässlich ist. Das Gefühl, dass, was geschaffen sei, Leben habe, stehe über diesen beiden und sei das einzige Kriterium in Kunstsachen. Übrigens begegne es uns nur selten: In Shakespeare finden wir es, und in den Volksliedern tönt es einem ganz, in Goethe manchmal entgegen; alles Übrige kann man ins Feuer werfen. Die Leute können auch keinen Hundsstall zeichnen. Da wollte man idealistische Gestalten, aber alles, was ich davon gesehen, sind Holzpuppen. Dieser Idealismus ist die schmählichste Verachtung der menschlichen Natur. Man versuche es einmal und senke sich in das Leben des Geringsten und gebe es wieder in den Zuckungen, den Andeutungen, dem ganzen feinen, kaum bemerkten Mienenspiel; er hätte dergleichen versucht, im ›Hofmeister‹ und den ›Soldaten‹. Es sind die prosaischsten Menschen unter der Sonne; aber die Gefühlsader ist in fast allen Menschen gleich, nur ist die Hülle mehr oder weniger dicht, durch die sie brechen muss. Man muss nur Aug und Ohren dafür haben.

Büchner: Lenz, Stuttgart: Reclam 1977, S. 14

1. *Stellen Sie mithilfe der vorgelegten Textauszüge sowie des Briefes „An die Familie" (Textausgabe S. 52f.) Büchners Vorstellung vom Theater heraus und führen Sie aus, warum er es für notwendig erachtet, ein realistisches Bild auf die Bühne zu bringen. Orientieren Sie sich bei der Bearbeitung an den auf Arbeitsblatt 12b vorgegebenen Kernbegriffen und Schlüsselthemen.*

2. *Zeigen Sie Textbeispiele im „Woyzeck" auf, die Büchners Konzeption von Theater offenbaren.*

[1] Sinnspruch

Literatur- und Kunstauffassung

	Der klassische Dichter	Büchners Auffassung	Umsetzung im „Woyzeck“
Gegenstand der Handlung			
Darstellung der Protagonisten			
Sprache			
Ziel der Dichtung			
	Idealismus	**Realismus**	

Literatur- und Kunstauffassung			
	Der klassische Dichter	Büchners Auffassung	Umsetzung im „Woyzeck“
Gegenstand der Handlung	• „Der Mensch müsse die Welt nicht zeigen, wie sie ist, sondern wie sie sein solle“ (S. 53, Z. 17f.).	• Der dramatische Dichter ist ein „Geschichtsschreiber“ (S. 52, Z. 18), schildert Geschichte, „wie sie sich wirklich begeben“ (S. 52, Z. 24) hat, und die Welt, wie sie ist.	• Alltagsgeschichte • Grundlage: realer Fall • Alltägliches, Krankhaftes, Triebhaftes wird gezeigt.
Darstellung der Protagonisten	• Figuren aus gehobener Gesellschaftsschicht (Fallhöhe): „Marionetten mit himmelblauen Nasen und affektierendem Pathos“ (S. 53, Z. 22f.), d. h. „hölzerne Kopien“ (C), „Holzpuppen“ (L), Kunstgebilde • Das frei entscheidende Individuum: „idealistische Gestalten“ (L)	• „Menschen von Fleisch und Blut“ (S. 53, S. 23f.): ihre Gefühle und ihr Handeln • Der arme, leidende, unfreie Mensch	• Einfache Menschen aus der unteren Gesellschaftsschicht als Handelnde • Die leidende, unfreie Kreatur, der arme Woyzeck • Man erfährt ihre Gefühle (Ängste, Sehnsüchte etc.).
Sprache	• Gehobene Kunstsprache: „krachende fünffüßige Jamben“ (C)	• Wirklichkeitsgetreu, so obszön und unanständig sie auch sein mag (vgl. S. 52, Z. 30–S. 53, Z. 1)	• Umgangssprache, Dialekt, Gossensprache (Tambourmajor), Stammeln, Sprachfetzen, Zitate aus Bibel und Volkslied
Ziel der Dichtung	• Dichter soll moralisch belehren, richtiges Handeln zeigen.	• Der Dichter ist „kein Lehrer der Moral“ (S. 53, Z. 5f.). (keine moralische Erhöhung oder Veredelung)	• Keine moralische Anklage Woyzecks, kein „erhobener Zeigefinger“ angesichts der Tat • Das Mitgefühl gilt den Armen, die Unterdrückungs- und Ausbeutungsmechanismen der herrschenden Klasse (Doktor und Hauptmann) werden gezeigt.
	Idealismus	**Realismus**	

Friedrich Schillers Ausführungen (Textausgabe S. 91) helfen, die Vorstellung vom klassischen Theater weiter zu präzisieren: Um Idealisierung geht es bei Schiller und auch darum, Abstand vom Individuellen zu nehmen, das nur im Allgemeinen veredelt aufscheinen darf. Das Ziel ist eine Komposition, die harmonisch zusammengefügt und Ausdruck des inneren Seelenlebens des Dichters ist. Je mehr sich das Äußere dem geistigen Ideal fügt, umso größer ist die Vollkommenheit.

Diese wenigen Zeilen von Schiller verdeutlichen, dass die geistige Welt dominierend, die schöne Seele harmonisch und naturgemäß und sittliche Menschenbildung so ästhetisch gedacht ist. Eine weitergehende Erläuterung ist dem Text von Frenzel/Frenzel „Das klassische Ideal“ (S. 88–90) zu entnehmen.
Im Zusammenhang mit der Arbeitsaufgabe, Büchners Kunstverständnis darzulegen, können auch die Texte von Arno Lubos (Junges Deutschland, Textausgabe S. 94–94) und Herbert Foltinek (Realismus, Textausgabe S. 94–98) herangezogen werden, um Parallelen und Gegenpositionen aufzuzeigen.

5.2 ❒ Vorlage: Clarusgutachten

Büchner will sich als „Geschichtsschreiber“ betätigen und als solcher gilt es, Geschehenes, dramatisch verfeinert, aufzuschreiben. Seine Aufschreibarbeit gleicht dabei der eines Collagisten, der Elemente aufnimmt, neu mischt und zusammenfügt, sodass bestimmte Facetten besonders deutlich hervorstechen und klare Worte sprechen. Im Kapitel „Vorgeschichten und Vorlagen“ (Textausgabe S. 62) wird im Aufsatz von Annemarie und Wolfgang van Rinsum auf die historischen Fälle verwiesen, auf die Büchner sich bezieht. Die Autoren erwähnen abschließend, dass das 2. Clarusgutachten (vgl. Zusatzmaterial 5, S. 108) viele Einzelheiten darbietet, die im „Woyzeck“ Verwendung gefunden haben. Aufgabe ist es, das Gutachten daraufhin zu überprüfen, wo Sachverhalte aufgenommen und literarisch verarbeitet wurden. So wird sich ein Bild von der Dramenfigur Woyzeck ergeben, die in vielen Facetten dem realen Soldaten Woyzeck ähnelt. Die Schüler erhalten zu diesem Zweck das Arbeitsblatt 13, S. 80.

J. C. Woyzeck: Parallelen zum Drama „Woyzeck“

Tat:	Mord an der Witwe Woostin aus Eifersucht
Tatzeit:	Gegen Abend (Z. 5)
Mordwaffe:	Abgebrochene Degenklinge (Z. 11), Kauf derselben (Z. 259)
Beruf:	Soldat (Z. 214), Friseur (Z. 6) und Perückenmacher (Z. 37) Vielfältige Gelegenheitsarbeiten (Z. 143–150, Z. 195–198, Z. 221f.)
Priv. Verh.:	Kind mit der Wienbergin, die sich als untreu erweist (Z. 110–113)
Gemüt:	Prinzipiell bescheiden und verständig (Z. 55f., Z. 154, Z. 226) Eifersüchtig (Z. 74, Z. 165) Neigt, wo die Eifersucht zutage tritt, zur Gewalttätigkeit (Z. 74–90, Z. 163–168, Z. 241–250, Z. 265–274) Zunehmende Geistesverwirrung (Z. 113ff.) Träume über Freimaurer, die ihn verfolgen (Z. 126f., Z. 135f.) Hört Stimmen und Stiefeltritte (Z. 129ff., Z. 198–210, Z. 231f., Z. 256–264)

Szenenanlage und Dialoge an reale Begebenheit angelehnt:

Rauferei in einer Wirtschaft (Z. 170–176) → vgl. Szene 14
„Der Kerl pfeift dunkelblau (Z. 176) → vgl. Woyzeck S. 23, Z. 4 („Der Kerl soll dunkelblau pfeifen“)
„Stich die Frau Woostin tot“ (Z. 261) → vgl. Woyzeck S. 22, Z. 3 („stich, stich die Zickwolfin tot“)
„dass er ein guter Mensch sei“ (Z. 325f.) → vgl. Woyzeck S. 13, Z. 30 („Du bist ein guter Mensch, ein guter Mensch“)

J.C. Woyzeck: Parallelen zum Drama „Woyzeck“

Tat	
Tatzeit	
Mordwaffe	
Beruf	
Private Verhältnisse	
Gemüt	
Szenenanlage und Dialoge an reale Begebenheit angelehnt	

❒ *Untersuchen Sie das Clarusgutachten auf Parallelen zum Drama „Woyzeck“.*

Auch die Person des Tambourmajors ist dem Gutachten entnommen, der allerdings dort in einer anderen Funktion – als Stubenkamerad – auftritt. Die Auflistung macht deutlich, dass eine große Anzahl an Parallelen gegeben ist. Beginnend bei der Tatzeit und der Mordwaffe bis hin zu den Angaben der Geistesverwirrung, die im „Woyzeck" aufgenommen wurden. Zu diesen vordergründigen Parallelen gesellt sich noch jene hinzu, die auf den Verfasser des Schriftstückes, den Gutachter Clarus, bezogen ist, auf die im Unterrichtsgespräch hingewiesen werden sollte. Das Gutachten ist vor dem Hintergrund der Frage erstellt worden, ob Woyzeck zurechnungsfähig sei oder nicht. „Die Frage nach der Zurechnungsfähigkeit setzt die Vorstellung von einem grundsätzlich autonomen und freien Individuum voraus, das an sich in der Lage ist, seine Triebe zu kontrollieren, sich über seine Handlungen und deren Folgen Klarheit zu verschaffen" (Meier ^{3}1993, S. 21). Die Bedürfnisse des Individuums haben sich am Wohl der Gemeinschaft auszurichten und sind zu kontrollieren und vernunftgemäß zu verwalten. Wer im vollen Bewusstsein seiner Kräfte dann unvernünftig handelt, gebärdet sich unsozial und gefährdet die Gesellschaft. Das gesellschaftliche Wohl wird verabsolutiert, vor kriminellen Subjekten ist die Gesellschaft zu schützen. Den umgekehrten Fall sieht dieses Denken nicht vor: „Der Überlegung, durch körperliche Veranlagung oder äußere Umstände könne man seine Willensfreiheit verlieren, darf also nicht zu sehr nachgegangen werden, die Menschen müssen vielmehr als grundsätzlich frei gelten, als fähig zur vernünftigen Planung ihres Handelns" (ebd. S. 23). Clarus lässt keine Stimmen und Schritte gelten, die auf Geistesverwirrung hätten schließen lassen, sie werden bestenfalls auf körperliche Zustände zurückgeführt. Die Gründe für dieselben entziehen sich seinem Interesse. Sofern sich hieraus kein konkretes, körperliches Leiden ableiten lässt, ist der Einzelne voll für sich verantwortlich.

❐ *Überprüfen Sie das Gutachten daraufhin, inwieweit den Gutachter Clarus eine idealistische Vorstellung – der Mensch ist für sein eigenes Tun verantwortlich, die Verhältnisse werden außer Acht gelassen – bei seinen Ausführungen leitet.*

5.3 ❐ Dramenkonzeption: Das offene Drama

Mit Büchners „Woyzeck" nimmt eine neue Dramenform Gestalt an: die „offene dramatische Form", die der klassischen entgegensteht und sie aufhebt. Zwecks Rückerinnerung wird mit dem Text von Gustav Freytag (Textausgabe S. 98) die klassische Struktur aufgearbeitet. Im Anschluss wird der Vergleich zwischen klassischem und offenem Drama thematisiert.

❐ *Wie ist nach Gustav Freytag ein klassisches Drama aufgebaut? Welche Funktionen haben die einzelnen Dramenteile nach Freytag?*

Die fünfteilige, pyramidale Struktur wird herausgestellt und die Funktion der einzelnen Teile benannt. Sofern im Vorfeld ein entsprechend gegliedertes Drama im Unterricht behandelt worden ist, sollte der Versuch geleistet werden, die abstrakte Darstellung inhaltlich am Beispiel zu konkretisieren. Erinnert werden sollte an dieser Stelle auch noch einmal an das aristotelische Vorbild, das dem Ganzen zugrunde liegt, da ansonsten das Missverständnis aufkommen könnte, es würde sich hier um eine von Freytag entworfene Dramenform handeln.

❐ *Stellen Sie die Merkmale von geschlossenem und offenem Drama, die im Text von Geiger/Haarmann (Textausgabe S. 100–106) dargestellt werden, in einer Tabelle gegenüber.*

Die Ergebnisse können von einigen Schülern auf Folie festgehalten werden.

Gegenüberstellung der Merkmale von geschlossenem und offenem Drama

Geschlossenes Drama	Offenes Drama
• Ausschnitt aus einem Ganzen, der in sich als einheitlich Ganzes dargeboten wird (S. 100, Z. 29–S. 101, Z. 2)	• Vielheit und Dispersion (S. 102, Z. 1–4): Ein Ganzes wird in Ausschnitten präsentiert (S. 104, Z. 24–34), variiert, kontrastiert (S. 105, Z. 18f.)
Bau des Dramas	
• Symmetrische Komposition: pyramidale Struktur (5 Akte, Mittelakt kennzeichnet Höhepunkt), Hierarchie der Teile (S. 102, Z. 7ff.)	• Das ganze Stück wie auch einzelne Szenen beginnen oft mitten im Geschehen und enden ebenso abrupt, Selbstständigkeit der Einzelteile (S. 104, Z. 18ff. u. 31), Zusammenfassung thematischer Schwerpunkte in Akte oder gänzliche Aufgabe der Akteinteilung (S. 105, Z. 7ff.)
Raum- und Zeitstruktur	
• kaum Raumwechsel, knappe Zeit-, Geschehnisspanne (S. 100, Z. 28f., S. 101, Z. 2–8) • Kongruenz von Erzähl- und Spielzeit	• Vielzahl von Orten, weite Zeitstreckung (S. 102, Z. 3f), Zeitsprünge (S. 102, Z. 11) (Räumliche Veränderungen gehen mit zeitlichen einher) (S. 103, Z. 8ff.)
Handlung	
• Eindeutige Haupthandlung (S. 100, Z. 19f.), linear und kontinuierlich voranschreitend (Z. 21f.), Szenen bauen kausal aufeinander auf (S. 100, Z. 22), Personenkette (S. 100, Z. 24f.)	• Mehrere Handlungsstränge, Vielheit und Dispersion (S. 102, Z. 14f), Einzelbegebenheiten (S. 102, Z. 20), Zusammenhalt und Einheit in der Dispersion wird durch das zentrale Ich, metaphorische Verklammerung und Komplementärstränge geleistet (S. 102, Z. 23–S. 103, Z. 3)
Personen	
• Geringe Anzahl der Personen (S. 101, Z. 25f.), Nebenfiguren operieren als „Abspaltungen“ der Hauptpersonen (S. 101, Z. 30f.) • Ausgewogenheit von Spiel und Gegenspiel (Protagonist, Antagonist) (S. 102, Z. 3–5)	• Keine Zahlen- und standesgemäße Beschränkung (S. 103, Z. 25f), Vielzahl von Nebenfiguren (S. 103, Z. 27) • Hauptfigur, meist niedrigen Standes, steht zentral ohne direkten Gegenspieler (S. 103, Z. 30–35)
Sprache	
• Einheitliche Sprache von Haupt- und Nebenpersonen (dialogisch geführter Monolog, Rededuelle, Hochsprache) (S. 101, Z. 32–38) • Logische Folgerung, Reflexionsorientiert (S. 104, Z. 3f, u. Z. 1)	• Heterogene Sprachbehandlungen (verschiedene Berufs- und Standessprachen, Umgangssprache), S. 103, Z. 36. • Augenblicks- und situationsbezogen (S. 104, Z. 2), assoziationsoffen (S. 104, Z. 5f.)

- *Überprüfen Sie die Merkmale des offenen Dramas am Text, indem Sie diese durch Textbelege herausstellen und Ihre Entscheidung in Stichpunkten begründen.*

Die Vielzahl der Szenen ist ein erstes, vordergründiges Kennzeichen, das Offenheit beschreibt, da das Wohlproportionierte und die „Symmetrie“ des geschlossenen Dramas sich nicht darin spiegeln. Akteinteilungen und die pyramidale Struktur des geschlossenen Dramas fehlen. Die dominierende Präsenz der Person Woyzeck ist ebenfalls charakteristisch.
Darüber hinaus zeigen die Einzelszenen inhaltlich sich kaum aufeinander bezogen, und wenngleich man in den Szenen 1–4 noch eine Ordnung vom Weiten (Freies Feld) zum fortschreitend Engen/Intimen (Kammer) ausmachen könnte, so verliert sich auch diese Gedankenkonstruktion im Folgenden und offenbart, dass ja auch diese Szenenfolge bekanntlich nur eine mögliche neben anderen ist. Im Zuge der fehlenden Gliederung ist auch eine stringente Haupthandlung nicht erkennbar und somit ableitbar. Die Einzelszenen fügen sich nicht harmonisch aufeinander bezogen in ein Ganzes ein und zeigen in ihrer Vielzahl sich inhaltlich nicht „zwingend“ aufeinander bezogen. In Berücksichtigung des Ganzen sind Einzelszenen auf einer anderen Ebene deutbar. Herausgelöst aus dem Ganzen ist beispielsweise Szene 4 nicht viel mehr als eine Eifersuchtsszene, eingebettet in das Ganze aber offenbart Szene 4 die Gesellschaftskritik, da das Drama um Woyzeck und Marie seine gesellschaftlichen Gründe hat.

- *Geiger/Haarmann sprechen von der metaphorischen Verklammerung. Verfolgen Sie, wo und in welchen Zusammenhängen die hierzu von den Autoren genannten Beispiele im Drama auftauchen.*
- *Überprüfen Sie des Weiteren das Drama daraufhin, ob sich noch weitere Metaphern finden lassen.*
- *Was meinen die Autoren, wenn sie von einem „latenten Bezugssystem“ sprechen?*
- *Was lässt sich – bezogen auf den Verlauf – aus den metaphorischen Verklammerungen ableiten?*

Die Szenen sind lose gekoppelt und als solche bedürfen sie eines verbindenden Elements, das verschiedentlich in den Einzelszenen auftaucht und implizit kommentierend zusammenführt, was unverbunden scheint. Die Farbe „rot“, die immer wieder eingeflochten wird – Maries Lippen sind rot, der Mond geht rot auf und das Mädchen singt von roten Socken –, gewinnt in der Kulmination Deutungstiefe: rot = Blut. Rot/Blut mag als Zeichen für das kommende Verhängnis gedeutet werden. Aber das Rot der Lippen von Marie steht zugleich für ihr wallendes Blut, für das Leben und ihre Wollust. Auch damit ist auf das Verhängnis verwiesen, dass Woyzeck für die Befriedigung der Lebenslust sich nicht mehr als tauglich erweist und das Schicksal seinen Lauf nimmt. Mehrfach finden sich zudem Verweise, die den „Abgrund“, den Zug zur „Tiefe“ – das Ende – ahnen lassen. Ähnlich symbolträchtig verhält es sich mit dem Motiv des Messers und auch des Stechens oder Schneidens.
Im Unterrichtsgespräch wird auf verschiedene Szenen verwiesen, die auf begriffliche Ähnlichkeiten untersucht werden sollen. Auf diese Weise wird „eine“ metaphorische Verklammerung abgeleitet. Anschließend untersucht der Kurs, in zwei Teile geteilt, je eine Dramenhälfte auf Mehrfachverwendungen identischer oder verwandter Begriffe.
Die Ergebnisse sollen im Unterschied zu der folgenden Auflistung anschließend „punktuell“ an der Tafel aufgelistet und mit einer Deutungsabsicht versehen werden. Die nachfolgende Übersicht ist daher nicht in summa zu erschließen, sondern nur in Auszügen.

Eine einfachere Form der Erarbeitung besteht darin, die aufgelisteten Begriffe vorzugeben und am Text nachweisen zu lassen, um anschließend die Deutungsebene im Unterrichtsgespräch zu thematisieren.

Metaphorische Verklammerungen im „Woyzeck“	
Metaphorische Verklammerung (Leitmotiv)	**Schlussfolgerung**
Rot „... und doch hab ich einen so roten Mund als die großen Madamen“ (S. 11, Z. 9) „Du hast ein rote Mund, Marie“ (S. 14, Z. 26) „Herr wie dein Leib war rot und wund“ (S. 24, Z. 23) „Sie hatte rote Sock ...“ (S. 26, Z. 21) „Was der Mond rot auf geht“ (S. 28, Z. 6) „Rot, Blut!“ (S. 29, Z. 17) „Was hast du eine rote Schnur um den Hals?“ (S. 30, Z. 3) „Links über die Lochschanz in dem Wäldche, am roten Kreuz“ (S. 30, Z. 24f.)	➪ Die Farbe rot und Blut stehen in enger Verbindung und künden in der Summe ihrer Verwendung vom kommenden Verhängnis
Messer „Woyzeck rasiert ihn“ mit einem Rasiermesser (S. 12, Z. 1) „... und zieht mir zwischen den Augen wie ein Messer“ (S. 22, Z. 13f.) „Was kost das Messer?“ (S. 23, Z. 13) „Wie ein blutig Eisen“ (S. 28, Z. 7) *„Er zieht das Messer“* (S. 28, Z. 8f.) „Das Messer? Wo ist das Messer? [...] Das Messer, das Messer, hab ich’s? So! Leute. [...] (*Er wirft das Messer hinein.)* [...] Der Mond ist wie ein blutig Eisen!“ (S. 29, Z. 34 – S. 30, Z. 12)	➪ Das Messermotiv und die verwandten Begriffe wie schneiden und stechen verweisen auf den künftigen Mord.
Stechen „Ich könnt mich erstechen“ (S. 11, Z. 33) „Er ersticht mich mit seinen Augen“ (S. 19, Z. 5) „[S]tich, stich die Zickwolfin tot? Stich, stich die Zickwolfin tot. [...] stich, tot, tot“ (S. 22, Z. 3–5) „Es redt immer: Stich! stich!“ (S. 22, Z. 13) „Das Kind gibt mir einen Stich ins Herz“ (S. 24, Z. 2f.)	➪ Marie selbst wendet das Motiv des Stechens gleich zweimal auf sich selbst an und deutet so auf ihr Schicksal hin.
Schneiden *„Woyzeck und Andres schneiden Stöcke im Gebüsch“* (S. 6, Z. 1) „Er läuft ja wie ein offnes Rasiermesser durch die Welt, man schneidt sich an Ihm“ (S. 18, Z. 5f.) „Du musst Schnaps trinke und Pulver drin, das schneidt das Fieber“ (S. 22, Z. 15f.) „S’ ist ganz, grad. Wollt Ihr Euch den Hals mit abschneide?“ (S. 23, Z. 14f.) „Das kann mehr als Brot schneide“ (S. 23, Z. 18)	
Abgrund/Tiefe „Es geht hinter mir, unter mir (*stampft auf den Boden)* hohl, hörst du? Alles hohl da unten“ (S. 6, Z. 12f.) „Wie sie den Kopf trägt, man meint, das schwarz Haar müsst sie abwärts ziehn, wie ein Gewicht, und Auge, schwarz ...“ (S. 9, Z. 21f.) „Als ob man in ein Ziehbrunn oder zu eim Schornstein hinabguckt. Fort hinte drein“ (S. 9, Z. 24f.) „So da hinunter! (*Er wirft das Messer hinein.)* Es taucht in das dunkle Wasser, wie ein Stein!“ (S. 30, Z. 10)	➪ Das mehrfach verwendete Bild des Abgrundes lässt das Ende ahnen bzw. nimmt es im Grunde genommen vorweg.

5.4 ❐ Projekt: Szenen in (nicht nur) lockerer Folge

Die folgenden Ideen können am bestem im Rahmen einer Projektarbeit umgesetzt werden. Aber auch der normale Unterricht bietet die Möglichkeit, gestalterisch die eine oder andere Aufgabe umzusetzen. Gerade der Umbau des Dramas in eine andere Szenenfolge setzt eine intensive Auseinandersetzung mit dem Inhalt voraus. Diese Auseinandersetzung erfolgt aber nicht rein rezeptiv, sondern handelnd mit Blickrichtung auf ein vor der Öffentlichkeit oder der Klassengemeinschaft zu vertretendes Produkt: Entweder soll ein Faltblatt für eine gedachte (oder tatsächliche) Aufführung oder eine neue Textfassung erstellt werden.

❐ Gruppenarbeit 1: *Büchners Drama ist Fragment und als solches existiert keine autorisierte Szenenabfolge. Stellen Sie sich vor, Sie sind Intendant und es wird Ihnen die Aufgabe übertragen, „Woyzeck" in einer neuen Fassung zu inszenieren. Ihre Aufgabe ist es, zunächst ein Programmheft zu gestalten. Erstellen Sie zu diesem Zweck eine alternative Szenenfolge. Sie können und sollen dazu die Szenenfolge ändern und in eine Ihnen logische Abfolge bringen, die Sie auf Anfrage auch begründen können. Es bleibt Ihnen überlassen, auch Szenen zu streichen.*

❐ *Nachdem das Drama eine neue Form erhalten hat, schreiben Sie eine der neuen Form angemessene kurze Inhaltsangabe.*

❐ Gruppenarbeit 2: *Lassen Sie sich von der Bühnenkritik zur Gottscheff-Inszenierung auf S. 109 der Textausgabe inspirieren und nehmen Sie ergänzend die Kritik von Zusatzmaterial 6 „Eiszeit" (S. 112) für den Entwurf eines eigenen Faltblattes hinzu. Die Szene „Buden, Lichter, Volk" ist dort schon gestrichen. Welche Szenen könnten zur Verdichtung und Hervorhebung des Maschinenhaften sowie der Darstellung eines sich nicht selbst bewegenden, sondern bewegten Woyzeck noch gestrichen werden? Natürlich kann das Geschehen auch in eine andere Zeit verlagert werden. Der Auszug aus dem Begleitheft zur Gottscheff-Inszenierung (Textausgabe S. 106–108) kann Ihnen auch hier Anregungen bieten.*

❐ Projekt: Gruppenarbeit 3: *Sie erhalten die Aufgabe, den „Woyzeck" zu inszenieren und eine neue Textvorlage zu erarbeiten. Dabei ist Ihnen zur Auflage gemacht, nur fünf bis maximal sieben Personen auftreten zu lassen. Es gilt also, den Personenbestand drastisch zu reduzieren. Sie nehmen sich dabei die künstlerische Freiheit, wichtige Sätze und Dialoge von Personen, die dem Strich zum Opfer fallen, anderen Personen in den Mund zu legen, nicht viel anders als dies Alban Berg in der Oper „Wozzeck" getan hat. Aber nicht genug damit: 27 Szenen erscheinen Ihnen natürlich viel zu viel. Auch hier wird der Strich angesetzt, bis eine Szenenanzahl von maximal sieben übrig bleibt.*

❐ *Vielleicht gelingt es Ihnen, Ihre Neufassung aufzuführen.*

❐ Projekt: Gruppenarbeit 4: *Die Idee des offenen Dramas hat Sie und Ihre Gruppe angesprochen. Sie möchten selber ein kleines Drama dieser Gattung anfertigen. Die Themenfindung wird wie folgt vollzogen: Sie erstellen ein Cluster, ausgehend von der Aussage: „Der Mensch ist* <u>*nicht*</u> *frei". Die Ergebnisse bilden das Grundmaterial für Ihr Drama. Das Arbeitsblatt 15 „Dramenkonzeption" (S. 88) bietet Ihnen weitere Hilfestellungen zur Erarbeitung der Konzeption. 4–7 Szenen sollten einen Umfang bilden, der den Rahmen des Möglichen nicht sprengen dürfte.*

❐ *Vielleicht gelingt es Ihnen, Ihre Neufassung aufzuführen.*

- Gruppenarbeit 5: *Sie als Intendant haben noch nie recht glauben können, dass „Woyzeck" ein offenes Drama mit einer lose gekoppelten Szenenabfolge sein soll. Also versuchen Sie die Szenen mithilfe des Arbeitsblattes 14 (S. 87) „Geschlossenes Drama" in ein klassisches 5-Akt-Schema (Einleitung, Steigerung, Höhepunkt, Fall, Katastrophe) aufzuteilen. Möglich ist es, auch hier die Personenzahl und die Anzahl der Orte zu verknappen. Natürlich ist es Ihnen überlassen, Szenen zusammenzuziehen und auch für das Ganze einen Anfang und Schluss zu schreiben. (Zur Erinnerung: Auch die Oper „Wozzeck" hat ein „richtiges" Ende: Wozzeck stirbt im Teich). Die Seiten 98–100 vermitteln Ihnen noch einmal einige grundlegende Ansichten über das klassische Drama.*

Abgesehen davon, dass diese produktiven Aufgaben einen erheblichen Motivationswert in sich tragen und zu einer gründlichen Auseinandersetzung mit der Textvorlage führen, sind gerade solche Aufgaben dazu geeignet, den Text nicht als kanonisiertes, unantastbares Gut erscheinen zu lassen, sondern als lebendiges Gut begreifbar zu machen, das einen konstruktiven Zugriff erlaubt.

Geschlossenes Drama

Akt:	I	II	III	IV	V
	Einleitung	Steigerung	Höhepunkt	Fall oder Umkehr	Katastrophe/Lösung
Szene/ Inhalt/ Funktion					

❒ *Sie als Intendant haben noch nie recht glauben können, dass „Woyzeck" ein offenes Drama mit einer lose gekoppelten Szenenabfolge sein soll. Also versuchen Sie, die Szenen in ein klassisches 5-Akt-Schema aufzuteilen. Möglich ist es auch hier, die Personenzahl und die Anzahl der Orte zu verknappen. Natürlich ist es Ihnen überlassen, Szenen zusammenzuziehen und auch für das Ganze einen Anfang und Schluss zu schreiben. (Auch die Oper hat ein richtiges Ende: Wozzeck stirbt im Teich.) Die Seiten 98–100 vermitteln Ihnen noch einmal einige grundlegende Ansichten über das klassische Drama.*

Dramenkonzeption

Baustein 5

Arbeitsblatt 15

Thema	
Handlung:	Inhalt der Einzelszenen: 1 – …
Personen:	
Sprache:	
Raum + Zeitstruktur:	
Kommentar:	
Verklammerungen:	

❐ *Die Idee des offenen Dramas hat Sie und Ihre Gruppe angesprochen. Sie schreiben selber ein kleines Drama dieser Gattung (4–7 Szenen). Die Themenfindung wird wie folgt vollzogen: Sie erstellen ein Cluster, ausgehend von der Aussage: „Der Mensch ist nicht frei“. Die Ergebnisse bilden das Grundmaterial für Ihr Drama.*

Baustein 6

Vom „Woyzeck" zum „Wozzeck" – Die Oper

Dem Drama „Woyzeck" vergleichbar hat die Oper „Wozzeck" ähnlich innovativ zu wirken vermocht und der Musikwelt neue Wege aufgezeigt. Ja mehr noch, die Popularität von Büchners „Woyzeck" ist nicht zuletzt dem Erfolg der Oper zu verdanken. „Sonderbarer Vorgang: Die literarische Aktualität Georg Büchners, eines Verfassers von Schauspielen, entstand auf dem Umweg über die Opernbühne. Am 14. Dezember 1925 war in der Berliner Staatsoper unter Erich Kleibers Leitung zum ersten Mal der *Wozzeck* von *Alban Berg* erklungen. Seitdem hat sich die Oper Bergs mit dem Text Georg Büchners als eines der lebensfähigsten Werke des Opernschaffens unseres Jahrhunderts erwiesen. Die Erfolge der vielen *Wozzeck*-Aufführungen trugen damit nicht nur den Namen des Komponisten und Schönberg-Schülers, sondern auch den seines so eigentümlichen Textverfassers in die Welt" (Mayer 1972: 444). So findet die Musik Eingang in ein Unterrichtsmodell für den Deutschunterricht. Dabei ist versucht worden, die Unterrichtsinhalte so aufzubereiten, dass sie auch ohne spezielle musikalische Vorkenntnisse einzusetzen sind.

Worum geht es in diesem Baustein?

- An den Anfang gestellt sind ein Zitat von Berg zu seiner Oper und ein Textausschnitt von Adorno zum „Wozzeck". Zu erarbeiten ist hier die Intention, die Berg mit der Musik verfolgte.
- Ganz allgemein ist es Ziel, eine den Schülerinnen und Schülern wahrscheinlich unbekannte, aber trotzdem interessante, ungewohnte und damit sperrige Musik vorzustellen, der möglicherweise mit Vorbehalten begegnet wird, die es zu thematisieren gilt.
- Über die Erschließung des Szenariums der Oper wird der Fragmentcharakter der Vorlage, auch mit Berücksichtigung der drei unterschiedlichen Handschriftenvorlagen, angesprochen.
- Schließlich geht es darum, mithilfe der Szene „Freies Feld" das Volksliedhafte, das hier zum Ausdruck kommt, generell mit dem Sprachvermögen des einfachen Volkes in Einklang zu bringen und deutlich zu machen, dass das Schlichte im Volkslied der komplexen Umwelt nicht gewachsen ist.

Allgemeine Aspekte zur Gesamtstruktur des „Wozzeck"

Die Oper „Wozzeck" ist atonal komponiert. Sie bewegt sich aber nicht in einem Raum völlig frei schwebender Tonalität, da sie nicht völlig auf tonale Elemente verzichtet, ganz abgesehen davon, dass die Formen, die innerhalb der Oper zur Gestaltung der einzelnen Szenen herangezogen werden, der tonalen Tradition folgen.

Die Anlage der Oper folgt dem traditionellen Schema von „Exposition", „Peripetie" und „Katastrophe", wie Alban Berg in seinem Wozzeck-Vortrag ausführt. Der gesamte Aufbau der Oper in drei Akten ist mit der bewährten „A-B-A"-Form vergleichbar. Die beiden Eckakte umschließen den weitaus längeren und gewichtigeren Mittelakt. Ein jeder Akt ist gebildet aus fünf Einzelszenen, die ihre eigene musikalische Gestalt und Geschlossenheit erhalten. Über Jahrhunderte gewachsene formgebende wie auch harmonische Prinzipien musikalischen Musizierens sind von Berg, trotz des Verzichts auf Tonalität, in Grenzen berücksichtigt worden.

Die immer aus denselben Tönen gebildeten, nur in veränderter Gestalt auftretenden Schlussakkorde eines jeden Aktes wirken kadenzbildend, sodass jeder einzelne Akt auf diese Akkorde wie auf die Tonika zusteuert. Analog hierzu dient im tonalen Kunstwerk die Wiederkehr und Befestigung der Haupttonart, die den harmonischen Kreis der großen Formabschnitte schließt. Bergs Schlussakkorde haben eine ähnliche Funktion.

So haben wir es insgesamt mit einer Oper zu tun, die formal bewährte Prinzipien der Geschlossenheit zur Gestaltung der einzelnen Szenen benutzt, um ein auf Offenheit bauendes Dramenwerk musikalisch umzusetzen. Die Geschlossenheit scheint dem Drama entgegenzustehen, das ja ganz auf Offenheit baut, leuchtet aber ein, wenn daran gedacht wird, dass allein schon die Loslösung von tonalen Gewohnheiten ein Publikum vor große Schwierigkeiten stellt. Die Bauform bietet Halt, sich der neuen Klangstruktur zu öffnen.

6.1 ❒ Verhältnis der Musik zum Text

Der Zugang zu einer Musik, die sich nicht mehr nach den tonalen Hörgewohnheiten richtet, fällt Schülerinnen und Schülern in der Regel schwer. Zu Beginn soll daher mithilfe des Arbeitsblattes 16 (S. 91) „Musik hören und beschreiben“ der funktionale Zusammenhang zwischen Musik und Text erschlossen werden. Hier stehen die Texte von Berg (Textausgabe S. 112) und Adorno (Textausgabe S. 114) im Zentrum des Interesses. Folgendes Ergebnis kann nach der Bearbeitung der Arbeitsaufgabe 1 auf dem Arbeitsblatt erwartet werden:

- Büchner lässt dem Soldaten Wozzeck Gerechtigkeit widerfahren, die Oper lässt dem Drama Gerechtigkeit widerfahren (Adorno).
- Die Musik verdeutlicht die Modernität des Dramas durch eine moderne Musik (Adorno).
- Die Detailtreue der Musik ist nicht pure Verdoppelung, sondern verdeutlicht das im Drama Ausgesparte (Adorno).
- Die Musik folgt dem Drama bis in die letzten Verästelungen (Adorno).
- Die Musik spiegelt den dramatischen Inhalt, hat dienende Funktion (Berg).

Darauf aufbauend sollen Klangerwartungen im Sinne der Arbeitsaufgaben 2 und 3 formuliert und begründet werden. Da Musikbeschreibungen in der Regel Schwierigkeiten bereiten, ist ein Umschreibungsangebot, aus dem ausgewählt werden kann, vorbereitet worden, das aber selbstverständlich um eigene Adjektive erweitert werden kann.

Musik hören und beschreiben

1. *Untersuchen Sie die Texte von Alban Berg (S. 112) und Theodor W. Adorno (S. 114) im Hinblick auf die zentrale Aufgabe bzw. Funktion, die die Musik der Oper „Wozzeck" nach Ansicht der beiden Autoren zu erfüllen hat, und bestimmen Sie dabei das Verhältnis von Musik zum Text.*

Funktionaler Zusammenhang zwischen Musik und Text

2. *Unterstreichen Sie auf dem folgenden Adjektivfeld unter Berücksichtigung Ihrer Ergebnisse aus Aufgabe 1 drei bis maximal fünf Begriffe, von denen Sie erwarten, dass sie die Musik adäquat umschreiben.*

traurig – erregt – dämonisch – albern – lustig – melodiös – spielerisch – langweilig – gefühlvoll – fröhlich – schimmernd – düster – formlos – monoton – durcheinander – schräg – rhythmisch – schmerzend – bebend – kühl – fremd – mitreißend – unförmig – ausdrucksvoll – tanzend – spannend – bedrückend – andächtig – feierlich – aufpeitschend – ansteckend – versunken – schwermütig – verträumt – geheimnisvoll – tänzerisch – kurzweilig – formschön – trostlos
oder ... ______ ______ ______

3. *Formulieren Sie aus Ihren bisherigen Ergebnissen eine zusammenhängende Hypothese bzgl. des Klangcharakters der Musik und begründen Sie diese.*

In einem an diese Arbeitsphase angeschlossenen Unterrichtsgespräch soll der dienende Charakter der Musik als Quintessenz herausgehoben werden. Bei der Frage, wie sie das leisten kann, wird auf die Klangbeschreibungen der Schülerinnen und Schüler im Zusammenhang mit Adornos Ausführungen verwiesen. Die Tragik des Dramas wird – so ist anzunehmen – entsprechend düstere Assoziationen bei den Schülerinnen und Schülern hervorrufen. Eine solche Begründungslogik stellt einen inhaltlichen Bezug zwischen Musik und Drama her, eine andere würde sich argumentativ auf die offene Anlage stützen, dergestalt, dass auch der Musik eine gewisse offene Anlage respektive vielleicht auch Formlosigkeit, abweichend von der Konvention, unterstellt wird.

Ein solcher konventionssprengender Zug, der eine gewisse Fremdheit impliziert, wäre auch mit weiteren Ausführungen Adornos zu vernetzen. Als zentrale Begriffe stehen bei Adorno die „Vergessenheit" und die „Gerechtigkeit". Die Argumentation verfährt dabei folgendermaßen: Was Büchner erzählt, ist authentische „Menschengeschichte". Büchner wird daher dem menschlichen Los gerecht, wenn er dieses – entgegen sonstigen Konventionen – ungefiltert erzählt und dem dramatisch bis dahin Unwürdigen dramatische Form verleiht. Da Büchner über Jahrzehnte nicht rezipiert wurde, ist dem Autor Büchner und dem Menschen generell, dessen Geschichte auf andere Art und Weise erzählt wurde, Unrecht getan worden. Die wahre Menschengeschichte erscheint vor dem Hintergrund der gewöhnlich erzählten Menschengeschichte, die sich als falsch erwiesen hat, nun fremd. Alban Berg rückt dieses Unrecht zurecht, indem er musikalisch ans Licht holt, was bislang versäumt wurde. Obwohl alt an Jahren, erscheint daher die wahre Geschichte modern und hochaktuell. Eine Musik wiederum, die der Modernität entsprechen will, muss modern und fremd klingen.

Schon diese wenigen Aspekte erlauben die These, dass die Musik, will sie auf die Modernität des Dramas abheben, ebenfalls den Bruch mit der Konvention wagen muss und dass sie modern klingen, und das heißt: dem Ohr „fremd" klingen, muss. Begriffe wie der der Dissonanz und möglicherweise auch der des Atonalen sollten oder könnten hier schon fallen. Nunmehr ist es an der Zeit, hypothetisch Formuliertes und Diskutiertes hörend zu überprüfen. Als Anspielvorschlag ist der Beginn der Oper (1. Szene: Zimmer des Hauptmanns) gedacht (Wiener Staatsoper/Wiener Philharmoniker unter Leitung von Christoph von Dohnányi. Decca © 1988, CD 1, Track 1).

❐ *Hören Sie – so lange, wie die Musik erklingt – mit geschlossenen Augen zu. Finden Sie Ihre aufgestellte Hypothese bzgl. des Klangcharakters bestätigt?*

Der Klangcharakter des „Fremden" – so steht zu vermuten – wird betont werden, weil – den Hörgewohnheiten entgegenstehend –

1. melodische Elemente,
2. ein steter, wiederholender Rhythmus und
3. auch die Konsonanz verheißende Tonalität vermisst werden.

Der seltsame Sprechgesang (= rhythmische Deklamation) wird ebenfalls als fremd und ungewöhnlich erachtet werden. Die Musikeindrücke erfahren mit den vorgefassten Meinungen einen Abgleich ob der Bestätigung respektive Nichtbestätigung. In einem zweiten Hördurchgang sind die Schülerinnen und Schüler aufgefordert, mithilfe der Beschreibungsvorschläge ihre Eindrücke weiter zu differenzieren und zu einem vorläufig abschließenden Urteil zur Musik zu kommen. Sinn macht es bei diesem zweiten Hördurchgang, die wiederum auf Arbeitsblatt 16 vorzunehmenden Adjektiv-Unterstreichungen mit einer anderen Farbe zu tätigen, sodass der Vergleich zwischen schon geleisteter hypothetischer Klangvermutung und realem Klangeindruck sich schon farblich abhebt.

6.2 ❒ Der Aufbau der Oper

Der Aufbau der Oper wird im Vergleich mit dem Drama erarbeitet. Dabei wird u. a. deutlich werden, dass die Oper keineswegs so unstrukturiert ist, wie sie manchem Ohr klingen mag, sondern einem strengen Aufbauprinzip folgt. Die Schülerinnen und Schüler erhalten für eine Partnerarbeit das Arbeitsblatt 17 (S. 94): „Personen und Szenarium“.

- ❒ *Alban Berg arbeitete mit der Reclamausgabe aus dem Jahr 1913. Sie ist von Wilhelm Hausenstein herausgegeben worden und folgt der Textfassung von Paul Landau. Kennzeichnen Sie die von Berg benutzten Szenen, indem Sie Akt- (I–III) und Szenennummer (1–15) angeben (siehe Beispiel).*
- ❒ *Diskutieren Sie im Plenum, inwiefern eine Streichung von Szenen und Personen, die Berg vornahm, Ihnen zulässig erscheint.*

Die Schülerinnen und Schüler lernen die Struktur des Ganzen kennen: die Gliederung in 3 Akte, die Aufteilung in 15 Szenen, die unterschiedliche musikalische Gestaltung der Szenen. Zur Sprache wird kommen, dass hier 15 Szenen der Oper 27 Szenen im Drama gegenüberstehen, des Weiteren, dass 17 Personen im „Wozzeck“ singen und spielen, allerdings 32 im „Woyzeck“ die Bühne im Verlaufe der Aufführung bevölkern.

Lösung für Aufgabe 1 des Arbeitsblattes 17 „Personen und Szenarium“. Im Einzelnen sind folgende Szenen von Berg verarbeitet worden:

Oper: Akt/Szene = **Drama**: Szene	**Oper**: Akt/Szene = **Drama**: Szene	**Oper**: Akt/Szene = **Drama**: Szene
I/1 = 1 Zimmer	II/1 = 9 Stube	III/1 = 17 Mariens Stube
I/2 = 2 Freies Feld. Die Stadt in der Ferne	II/2 = 10 Straße	III/2 = 21 Waldweg am Teich
I/3 = 3 Die Stadt	II/3 = 11 Mariens Stube	III/3 = 22 Wirtshaus
I/4 = 4 Studierstube	II/4 = 13 Wirtshaus	III/4 = 23 Waldweg an des Doktors Teich
I/5 = 7 Straße (vor Mariens Stube)	II/5 = 15 Kaserne	III/5 = 24 Früher Morgen

Personen und Szenarium

Wozzeck / Tambourmajor / Andres / Hauptmann / Doktor / Erster & Zweiter Handwerksbursche / Der Narr / Marie / Margret / Mariens Knabe / Soldaten und Burschen / Mägde und Dirnen / Kinder

I. Akt (Fünf Charakterstücke)
1. Szene (Suite): Zimmer des Hauptmanns (Wozzeck, Hauptmann)
2. Szene (Rhapsodie über drei Akkorde): Freies Feld, die Stadt in der Ferne (Wozzeck, Andres)
3. Szene (Militärmarsch, Wiegenlied): Mariens Stube (Marie, Margret und das Kind; später Wozzeck)
4. Szene (Passacaglia): Studierstube des Doktors (Wozzeck, Doktor)
5. Szene (Andante affettuoso quasi Rondo): Straße vor Mariens Wohnung (Marie, Tambourmajor)

II. Akt (Symphonie in fünf Sätzen)
1. Szene (Sonatensatz): Mariens Stube (Marie und das Kind; später Wozzeck)
2. Szene (Invention und Fuge über drei Themen): Straße in der Stadt (Hauptmann, Doktor; später Wozzeck)
3. Szene (Largo): Straße vor Mariens Wohnung (Marie, Wozzeck)
4. Szene (Scherzo): Wirtshausgarten (Burschen, Soldaten, Mägde; Erster und Zweiter Handwerksbursche; Andres, Tambourmajor, Marie; etwas später Wozzeck; zum Schluss der Narr)
5. Szene (Rondo martiale con introduzione): Wachstube in der Kaserne (Soldaten, Wozzeck, Andres; später der Tambourmajor)

III. Akt (Sechs Inventionen)
1. Szene (Invention über ein Thema): Mariens Stube (Marie und ihr Kind)
2. Szene (Invention über einen Ton): Waldweg am Teich (Wozzeck und Marie)
3. Szene (Invention über einen Rhythmus): Schenke (Burschen, Dirnen, Wozzeck und Margret)
4. Szene (Invention über einen Sechsklang): Waldweg am Teich (Wozzeck; später Hauptmann und Doktor)
   Orchester-Zwischenspiel (Invention über eine Tonart)
5. Szene (Invention über eine Achtelbewegung): Straße vor Mariens Wohnung (Mariens Kind; Kinder)

Georg Büchners Reclamausgabe von 1913 und Alban Bergs Szenenfolge

1. Zimmer Bsp.:	**I/1**	9. Stube		17. Mariens Stube	
2. Freies Feld. Die Stadt in der Ferne		10. Straße		18. Kramladen	
3. Die Stadt		11. Mariens Stube		19. Straße	
4. Studierstube des Doktors		12. Die Wachstube		20. Kaserne	
5. Öffentlicher Platz, Buden		13. Wirtshaus		21. Waldweg am Teich	
6. Das Innere der Bude		14. Freies Feld		22. Wirtshaus	
7. Straße		15. Kaserne		23. Waldweg am Teich	
8. Der Hof des Doktors		16. Kasernenhof		24. Straße	
				25. Seziersaal	

1. *Alban Berg arbeitete mit der Reclamausgabe aus dem Jahr 1913. Sie ist von Wilhelm Hausenstein herausgegeben worden und folgt der Textfassung von Paul Landau. Kennzeichnen Sie die von Berg benutzten Szenen, indem Sie Akt- (I–III) und Szenennummer (1–15) angeben (siehe Beispiel).*

2. *Diskutieren Sie im Plenum, inwiefern eine Streichung von Szenen, die Berg vornahm, Ihnen zulässig scheint. Untersuchen Sie, ob das Personengefüge verändert wurde, und nehmen Sie hierzu Stellung.*

Zunächst gilt: Im Rahmen künstlerischer Freiheit sind vielfältige Eingriffe in Werke denkbar und selbstverständlich erlaubt. Trotzdem mag die Ansicht im Unterrichtsgespräch vertreten werden, dass solche Veränderungen grundsätzlich nicht erlaubt seien. Hierzu ist das Arbeitsblatt 18 „Handschriften und Lese- und Bühnenfassung (Lehmann)“ zu bearbeiten und die Szenenfolge zu erschließen, wie sie die Textausgabe der Schülerinnen und Schüler nach Lehmann aufweist.
Die Schülerinnen und Schüler sollten noch folgende Informationen vermittelt bekommen: Vom „Woyzeck“, dem Fragment, existieren drei unterschiedliche Handschriften. Die erste, die „Foliofassung“, umfasst die Szenen der Szenengruppe 1 und 2, die zweite, das „Quartblatt“, die verstreuten Bruchstücke, und die dritte, die „Quartfassung“, die vorläufige Reinschrift. Diese drei Handschriften liefern die Grundlage für die gängigen „Woyzeck“-Ausgaben. Auch die Text- und Bühnenfassung der Schülerinnen und Schüler von Lehmann ist aus diesen verschiedenen Handschriften zusammengestellt.
Wichtige Anmerkungen zu H1 + H2: In H1 heißt Woyzeck noch Louis, und Marie heißt Margreth. In H2 heißt Woyzeck nun auch so, Marie allerdings wird Louise genannt. Die Sternchen * im Arbeitsblatt verweisen darauf, dass es sich um von Büchner gestrichene Szenen handelt, mit deren Hilfe sich der Autor vergegenwärtigte, „dass er sie für die spätere Quartfassung verwertet hat“. Die Kreise ° wiederum machen auf Streichungen aufmerksam, die wahrscheinlich versehentlich erfolgt sind (Lehmann, zitiert nach: Büchner ^{7}1986: 383). Das Arbeitsblatt insgesamt orientiert sich in Darstellung und Wortlaut in großen Teilen an der von Lehmann hergestellten Synopse der Handschriften.

❐ *Versuchen Sie, anhand der Überschriften die Zusammenstellung der Ihnen vorliegenden Ausgabe nachzuvollziehen. Tragen Sie dazu in die linke Spalte die Szenennummer (1–27) ein, geben Sie weiter die entsprechende Handschriftenfassung (H1–H4) und die laufenden Szenen der Handschrift an.*

Die vorliegende Ausgabe ist wie folgt zusammengestellt:

1. H 4,1
2. H 4,2
3. H 2,3 (die ersten 4 Repliken, H 1,1, H 2,5 H 1,2)
4. H 4,4
5. H 4,5
6. H 4,6
7. H 4,7
8. H 4,8
9. H 4,9 H 2,7 (ein großer Teil)
10. H 4,10
11. H 4,11
12. H 4,12
13. H 4,13
14. H 4,14
15. H 4,15
16. H 4,16
17. H 4,17
18. H 3,1
19. H 1,14
20. H 1,15
21. H 1,16
22. H 1,17
23. H 1,19
24. H 1,20
25. H 1,18
26. H 1,21 (erste Replik)
27. H 3,2

Mit Bearbeitung dieser Aufgabe dürfte deutlich werden, dass die Szenenfolge nach Maßgabe eines „Restaurators“ zusammengestellt wurde, das Material einem „Puzzle“ gleicht, in der Sekundärliteratur mitunter auch damit verglichen wird und die Reihenfolge nicht vorgegeben ist. Andere Ordnungen sind möglich und auch verwirklicht. Mit dem Wissen für eine zwar logische, wiewohl trotzdem nicht autorisierte Fassung wäre auch die bergsche Ordnung bzgl. der getätigten Eingriffe neu zu bedenken.
Die Zuweisung wird sich aus den Vorgaben nicht zu hundert Prozent richtig ermitteln lassen, aber es existieren hinreichende Hinweise, die eine ungefähre Szenenfolge ableiten lassen.

Handschriften und Lese- und Bühnenfassung (Lehmann)

Lese- und Bühnenfassung	H1 (1. Fassung, 1. Szenengruppe)	H2 (1. Fassung, 2. Szenengruppe)	H3 Verstreute Bruchstücke	H4 (Vorläufige Reinschrift)
		1. Freies Feld. Die Stadt in der Ferne* *(Woyzeck)*		1. Freies Feld. Die Stadt in der Ferne *(Woyzeck)*
Bsp.: H 4, 2		2. Die Stadt* *(Louise)*		2. *Marie* mit ihrem Kind am Fenster. Margreth
	1. Buden. Volk *(Woyzeck)*	3. Öffentlicher Platz. Buden. Lichter		3. Buden, Lichter. Volk (1 $^1/_2$ Seiten unbeschrieben)
		4. Handwerksburschen* (vgl. H4,11)		
		5. Unteroffizier. Tambourmajor *(Franz)*		
	2. Das Innere der Bude (1/4 der Seite unbeschrieben)			
	3. *Margreth* allein°			
				4. Marie sitzt, ihr Kind auf dem Schoß, ein Stückchen Spiegel in der Hand
				5. Der Hauptmann. Woyzeck ($^1/_3$ der Seite unbeschrieben)
				6. Marie. Tambourmajor ($^1/_3$ der Seite unbeschrieben)
				7. Marie. Woyzeck ($^1/_3$ der Seite unbeschrieben) *(Franz)* (vgl. H2, 8)
		6. Woyzeck. Doktor*		8. *Woyzeck.* Doktor ($^1/_3$ der Seite unbeschrieben)
		7. Straße		9. Hauptmann. Doktor ($^3/_4$ der Seite unbeschrieben)
	4. Der Kasernenhof* *(Louis)*	8. Woyzeck. Louise* (Franz)		10. Die Wachstube
	5. Wirtshaus*			11. Wirtshaus
	6. Freies Feld*			12. Freies Feld
	7. Ein Zimmer*			13. Nacht
	8. Kasernenhof			
	9. Der Offizier. Louis°			
	10. Ein Wirtshaus*			14. Wirtshaus
	11. Das Wirtshaus			15. Woyzeck. Der Jude ($^1/_3$ der Seite unbeschrieben)
	12. Freies Feld			
	13. Nacht. Mondschein			
		9. Louise allein. Gebet ($^2/_3$ der Seite unbeschrieben)		16. Marie. Der Narr
				17. Kaserne (17)
			1. Der Hof des Professors *(Woyzeck)*	
	14. Margreth mit Mädchen vor der Haustür			
	15. Margreth und Louis			
	16. Es kommen Leute			
	17. Das Wirtshaus			
	18. Kinder			
	19. Louis allein			
	20. Louis an einem Teich			
	21. Gerichtsdiener. Barbier. Arzt. Richter			
			2. Der Idiot. Das Kind. Woyzeck	

❒ *Erstellen Sie mithilfe der Überschriften die Szenenfolge. Tragen Sie dazu in die linke Spalte die Szenennummer (1–27) ein, geben Sie weiter die entsprechende Handschriftenfassung (H1–H4) und die laufenden Szenen der Handschriften an.*

6.3 ❒ Das Volkslied im „Wozzeck“ – Szene 1: Freies Feld

Mehrfach ist betont worden, dass Büchner Kommentare in das Drama eingestreut hat. Die Volkslieder dienen ebenfalls dieser Absicht. Wo Worte fehlen, werden Lieder gewählt, mit deren Hilfe Aussagen geleistet und auch innere Stimmungen widergespiegelt werden. Diese Stimmungslage soll auf folgende Art und Weise nachempfunden werden:

Geh-, Sprech- und Singhaltungen

Die Schülerinnen und Schüler sollen sich in die Person Andres hineinversetzen und sich dessen Reaktion auf Woyzecks Äußerungen vorstellen. Sie hören die Musik der Szene ‚Freies Feld' (Wiener Staatsoper/Wiener Philharmoniker unter Leitung von Christoph von Dohnány. Decca© 1988, CD 1, Track 3). Dazu sollen sie den ganzen Raum nutzen, ihn durchqueren, sich einander begegnen, ausweichen, eine eingenommene Haltung aufrechterhalten und die Musik auf sich wirken lassen.

- Sie sollen versuchen, sich eine der Musik adäquate „Gehhaltung“ anzueignen, die eine gewisse Typik aufweist.
- Zum zweiten ist ihnen aufgetragen, sich aus der Szene einen für sie zentralen Satz auszusuchen und diesen während ihrer Gehvorstellung zu sprechen. Erwartet wird eine „Sprechhaltung“, die sich auf diese Weise einstellen soll.
- Der dritte Schritt sollte freigestellt sein, denn dieser ausgewählte und erprobte Satz kann abschließend in eine „Singhaltung“ münden und dem Gesagten Ausdruck verleihen. Beim Singen kommt es nicht darauf an, eine Melodiefloskel perfekt darzubieten. Die ungefähre Wiedergabe ist vollkommen ausreichend. So kann ein ausdrucksvolles „Sing“-Spiel sich ereignen, das schon Interpretation ist, ohne dass viele Worte gefallen sind (vgl. Stroh 1994 und Schläbitz 1993).

Die persönlichen Eindrücke sind in einer nachfolgenden Reflexionsphase aufzuarbeiten, bei der die individuellen Empfindungen und Gedanken besprochen werden. Denkbar wäre es aber, schon im Spiel jedem Agierenden einen Beobachter zur Seite zu stellen, dessen Aufgabe es ist, Geh-, Sprech- und Singhaltungen in Stichpunkten, wie sie sich ihm darbieten, zu dokumentieren. Diese werden zunächst in Partnerarbeit und zuletzt im Plenum ausgewertet. Allerdings ist eine solche durch fremde Beobachtung gegebene Reflexion nur dort angebracht, wo im Kurs ein vertrauensvolles Klima herrscht, da die Beobachtung ansonsten eine die Spielfreude hemmende Befangenheit auslösen könnte.

Erwartet wird, dass die Schlichtheit der Melodie des Volksliedes als im Widerspruch zum musikalischen Umfeld empfunden wird. Die Musik des Volksliedes ist nicht geeignet den Ängsten zu begegnen. Vertiefend kann der Begleittext „Das Volkslied im ‚Wozzeck': Tonale Inseln in einer atonalen Welt des Klanges“ (Textausgabe S. 115–120) gelesen werden.

In der Folge ist, ohne Musik, die Auseinandersetzung mit dem Text des Volksliedes gesucht. In Gruppen sind die Schülerinnen aufgerufen, den Text des Liedes laut und mehrfach ohne Unterbrechung zu „sprechen“ (Zusatzmaterial 7, S. 113), was zum Ergebnis einen monotonen Sprechgesang haben dürfte, von dem im Zuge der repetitiven lapidaren Deklamation und im Unterschied zur lustigen Melodie eine gewisse Drohung ausgeht. Hervortreten dürfte bei einer solchen Präsentation der Textinhalt, der nunmehr als Kommentar zur Szene hervortritt. Wer sind die zwei Hasen, die dort sitzen im Gras und vergleichbar sind Woyzeck und Andres im Felde, und wer ist der Jäger, der die Hasen jagt? Andere Lieder können ähnlich behandelt werden wie beispielsweise das Lied des alten Mannes aus

Szene 3: „Auf der Welt ist kein Bestand / wir müssen alle sterben, / das ist uns wohlbekannt!“ Die Lieder sind nicht nur Lieder, wie unter Auslassung der Musik in der rhythmischen Deklamation explizit sich offenbart. Die Melodie des Liedes steht dem Inhalt entgegen.

❐ *Gehen Sie abschließend der Frage nach, inwiefern die musikalischen Strukturen innerweltliche Befindlichkeiten der Protagonisten Wozzeck und Andres spiegeln. Inwieweit sind diese Befindlichkeiten aus gesellschaftlichen Ordnungen abzuleiten?*

Andres bedient sich des Bekannten, Überkommenen und versucht so dem drohend Unbekannten zu begegnen. Beziehungen können nun gezogen werden: Das Tonale ist die Welt des einfachen Volkes, eine traditionelle einfache Ordnung, die Sicherheit bietet. Hier fühlt sich Andres zu Hause.
Das dogmatische Verhaften an überlieferten Grundsätzen (Volkslied u.Ä.) in einer aufbrechenden und komplexer werdenden Welt ist nicht mehr zeitgemäß und liefert nur vermeintliche Antworten und „Scheinsicherheiten“, ähnlich den untauglichen Lebensweisheiten des Märchens. Wer sich in Sicherheit zu wiegen sucht und die Tradition bemüht, wird enttäuscht, wo das Umfeld (wie ein Doktor) mit unwägbaren Risiken operiert und handelt. Ein Andres ist geistig zu unbeweglich um sich den Bedingungen der Zeit, die sich in der Oper im atonalen Raum bewegen, zu stellen. So durchdringt das zeitgemäß Atonale das Tonale des Volksliedes. Ein Woyzeck ist nahezu vollkommen atonal durchdrungen und davon bedingt, wobei sein Denken und Fühlen mit den entsprechenden Folgen der Tradition und damit implizit der Tonalität weiter nachhängt.
Diese abschließenden Gedanken um eine aufbrechende Ordnung können an der aktuellen Situation reflektiert werden, da auch die gegebene Gesellschaft im Zuge der globalen Vernetzungen sich hochkomplex und im Aufbruch zeigt.

- Welche Sicherheiten bietet die gesellschaftliche Ordnung?
- Wer garantiert für diese?
- Können Garantien überhaupt gegeben werden, wo Einflussfaktoren global aus allen Richtungen wirken?
- Warum ist zunehmend von Selbstverantwortung und Flexibilität die Rede?
- Welche Kompetenzen sind notwendig um das eine wie andere zu beherrschen?
- Was heißt das wiederum für tradierte Wertvorstellungen?

Eine solche Diskussion kann durch Berücksichtigung aktueller Themen (Renten, Arbeitsplatz, Standortfrage, Computerisierung und Vernetzung, „global player“, Globalisierung) konkret werden. Zu diesen Fragen und Themen kann in Gruppen vorbereitend gearbeitet werden, es können aber auch Schülerinnen und Schüler beauftragt werden, die Nachrichten in den Medien, unter Fokussierung spezifischer Fragen, zu verfolgen. Ein solcher Arbeitsauftrag kann begleitend zum allgemeinen Unterrichtsgeschehen vergeben und zum entsprechenden Zeitpunkt (Behandlung des Märchens bspw.) abgerufen werden.
Die Ergebnisse einer solchen Diskussion könnten in zwei Richtungen gehen, die man einerseits mit einer Welt der „Sicherheit“ und andererseits mit einer Welt des „Risikos“ gleichsetzen kann.

1. „Sicherheit“: In einer Welt der Unsicherheit zieht man sich auf die Tradition zurück mit ihren bewährten gangbaren Wegen und Werten um noch Halt und Orientierung zu finden.
2. „Risiko“: In einer Welt der Unsicherheit tragen feste Werte nicht mehr. Man trägt daher selbstverantwortet und Risiken kalkulierend zur Wertschöpfung bei.

Ein Ergebnis einer solchen Diskussion könnte sein festzustellen, dass den „sicheren“ Weg zu gehen gefahrvoll ist. Wer sich in Sicherheit wiegt, also den tradierten Weg geht bzw. mit alten Vorstellungen sich in der neuen Welt bewegt und neue riskante meidet, sieht sich der Gefahr ausgesetzt, dass andere – vielleicht weltumspannende Firmen (global-player) –, die riskante Wege gehen, das individuelle Wohl nicht ausreichend mitbedacht haben, weil ein anderes Wohl dagegen steht. Wo die vermeintliche Sicherheit währt, kann die Gefahr im unmittelbaren Verzuge sein, denn das Handeln ist dann an andere adressiert, die das kalkulierte Risiko des Eingriffs wagen und das sicher Geglaubte mit bedingen und so implizit verwerfen. Luhmann spricht von der „Soziologie des Risikos" und Beck von der „Risikogesellschaft", was zum Abschluss dieses Bausteins über die oben formulierten Fragen und Themen problematisiert werden kann. Eine Überleitung zur Eingangsfolie (vgl. Zusatzmaterial 1) mit ihrer schon programmatischen Überschrift „Chaotische Ordnung/Ordentliches Chaos" wäre denkbar. Gerade in einer Welt, die durch Vernetzung immer komplexer zu werden droht, in der Aussagen über die nähere Zukunft hinaus nicht mehr seriös gemacht werden können und der Einzelne flexibel auf neue Situationen reagieren können muss, kann eine solche Problematisierung von Bedeutung sein. Der Rückbezug auf Sicherheit ist der erste Schritt zum Erstarren und kann pathologische Erscheinungsformen nach sich ziehen. Die „offene Wunde" „Woyzeck" (Heiner Müller) kann so deutlich werden lassen: Wer die Sicherheit sucht und Risiken meidet, lebt gefährlich.

Notizen

Chaotische Ordnung/Ordentliches Chaos

Steckbrief

Bekanntmachungen.

1628) [Darmstadt.] Steckbrief. Der hierunter signalisirte Georg Büchner, Student der Medicin aus Darmstadt, hat sich der gerichtlichen Untersuchung seiner indicirten Theilnahme an staatsverrätherischen Handlungen durch die Entfernung aus dem Vaterlande entzogen. Man ersucht deßhalb die öffentlichen Behörden des In- und Auslandes, denselben im Betretungsfalle festnehmen und wohlverwahrt an die unterzeichnete Stelle abliefern zu lassen.

Darmstadt, den 13. Juni 1835.

Der von Großherzogl. Hess. Hofgericht der Provinz
Oberhessen bestellte Untersuchungsrichter,
Hofgerichtsrath Georgi.

Personal-Beschreibung.

Alter: 21 Jahre,
Größe: 6 Schuh, 9 Zoll neuen Hessischen Maases,
Haare: blonde,
Stirne: sehr gewölbt,
Augenbraunen: blonde,
Augen: graue,
Nase: stark,
Mund: klein,
Bart: blond,
Kinn: rund,
Angesicht: oval,
Gesichtsfarbe: frisch,
Statur: kräftig, schlank,
Besondere Kennzeichen: Kurzsichtigkeit.

Rollentext – Hauptmann

HAUPTMANN

Du bist Hauptmann, adeliger Herkunft und repräsentierst die Militärgewalt des großherzoglichen Landesherrn in der kleinen hessischen Garnisonsstadt. Seit dem Wiener Kongress sind die Fürsten in den deutschen Kleinstaaten zu den alten Verhältnissen zurückgekehrt: Regiert wird ohne Volk. Die Funktion des Militärs besteht darin, soziale Aufstände niederzuschlagen und die Privilegien der kleinen Schicht der Begüterten (adelige Großgrundbesitzer, besitzendes Bürgertum wie Kaufleute, Handelsherrn und Verleger sowie loyale Staatsbeamte) zu sichern. In den letzten Jahren häufen sich Brotkrawalle, Tumulte und aufrührerische Protestversammlungen, bei denen die Fensterscheiben der Reichen zu Bruch gehen. Dann werden die Straßen militärisch gesäubert, denn die drei Stadtgendarmen – höchst unzulänglich mit Säbeln bewaffnet – sind ohnehin mit der Verfolgung der üblichen Delikte der Unterschichten beschäftigt: Bettelei, Diebstahl, Forst- und Jagdfrevel.

In ruhigen Zeiten ist nicht viel zu tun. Du hast die Disziplin der Truppe mit militärischen Übungen aufrechtzuerhalten, Kaserne und Zeughaus – in denen die Waffen lagern – müssen bewacht werden, ab und zu wird eine repräsentative Parade des Regiments vorgeführt. Exerzieren lässt du die Soldaten draußen vor der Stadt, wo der Magistrat nach langem Hin und Her einen großen freien Platz bereitgestellt hat. Obwohl die Garnison ein beachtlicher Wirtschaftsfaktor für die Kleinstadt ist, bekritteln die Bürger den hohen Militäretat und den Lebensstandard der meist adeligen Offiziere, denn die Armee versorgt die überzähligen adeligen Söhne mit standesgemäßen Stellen. Du wohnst nicht in der engen, heruntergekommenen Kaserne, sondern hast dich im besseren Viertel der Stadt bei einer ehrbaren Handwerkerwitwe eingemietet. Die Nähe zur Vorstadt, wo die Unterschichten hausen, wäre dir unangenehm. Das Aussehen, die lumpigen Kleider, die Gebärden, die lärmende Gossensprache und die gewöhnlichen Vergnügungen der armen Leute findest du abstoßend. Das Rohe und Vulgäre hast du aus deinem Leben verbannt. Du zügelst deine Gefühle und übst Selbstkontrolle.

Du bist Woyzecks Vorgesetzter, kannst über ihn verfügen. Gelegentlich erlaubst du ihm, sich durch kleine Dienstleistungen (Rasieren, Stecken schneiden) etwas hinzuzuverdienen.

Aus: Ingo Scheller: Szenische Interpretation. Georg Büchner, Woyzeck: Vorschläge, Materialien und Dokumente zum erfahrungsbezogenen Umgang mit Literatur und Alltagsgeschichte(n). Oldenburg: Universität Oldenburg, Zentrum für Pädagogische Berufspraxis, 1987.

❐ *Schreiben Sie eine Rollenbiografie aus der Ich-Perspektive. Lassen Sie sich dabei von den Informationen inspirieren und auch die eine oder andere davon in Ihre Biografie mit einfließen.*

Rollentext – Woyzeck

WOYZECK

Du bist Woyzeck, ein Stadtsoldat. Du wohnst in der Kaserne. Es ist üblich, dass sich zwei Soldaten ein Bett teilen müssen, dein Bettnachbar ist Andres. Du bist mit Marie zusammen, die mit eurem Kind im Armenhaus der Stadt lebt. Du gibst ihr etwas Geld zum Leben. Wenn es dir der Hauptmann erlaubt, verdienst du dir etwas zu deinem Sold mit Gelegenheitsarbeiten dazu. Mit Andres gehst du z. B. Stecken schneiden, oder du rasierst den Hauptmann. Du stehst als Wehrmann und Füsilier auf der untersten Stufe der militärischen Rangordnung.

„Was aber war ein Stadtsoldat? Und wie wurde man Stadtsoldat? Der Stadtsoldat stand in der gesellschaftlichen Anerkennung an unterster Stelle, noch unter dem Tagelöhner. Ein Paria, vergleichbar dem Totengräber, Büttel, Kloakenreiniger usw. Die Stadtsoldaten waren freiwillige, in einem niederen Sold stehende Soldaten, also keine gezogenen oder verpflichteten. Ihre Funktion war am wenigsten eine kriegerische, vielmehr eine einschüchternde. Eine Truppe, die für jede Schmutzarbeit gut war. Sowohl zur Niederschlagung etwaiger Unruhen wie zur Erledigung aller Arbeit, denen sich das ethische Empfinden der sonstigen Stadtbewohner entgegenstellte. Eine Abgestumpftheit und Verrohung des Gefühls, also eine Hemmungslosigkeit bei der Ausübung jeder verlangten Tätigkeit, war das wesentliche Befähigungsmerkmal des Stadtsoldaten. Der überaus niedrige Sold hing zusammen mit dem Charakter der Arbeit. Es war eine reine Gelegenheitsarbeit ohne Kontinuität, bei der man ab und an hart zupacken musste, bei der man sich aber nicht kaputt machte, also ein idealer Job für diejenigen, die man die Arbeitsscheuen und Drückeberger nannte. Stadtsoldaten wurden diejenigen, die längst aus allen sozial geordneten Schichten ausgestoßen waren, also die große Zahl derer, die zum Strandgut der Gesellschaft gehörten, die sich in den Elendsquartieren der Stadt sammelten und zwischen Alkohol, Verbrechen, Prostitution, Krankheit, Bettelei und Gelegenheitsarbeit zu überleben suchten. Die unmittelbaren Ursachen für das einstmalige Eintauchen in diese Schicht, wie Missernte und Viehsterben, die das Leben auf bäuerlichem Boden unmöglich machten, Arbeitslosigkeit durch Schließung oder Mechanisierung von Fabriken, die Auswirkungen von Gefängnisstrafen, Invalidität, die erwerbsunfähig macht, Zerstörung der Familie durch Krieg oder andere Unglücksfälle liegen meist weit zurück. Sie sind eine Vergangenheit, die als blasser Schatten hinter dem Bild der neuen Existenzform Alkoholismus, Brutalität, Gleichgültigkeit, Bildungslosigkeit verschwinden“ (zitiert nach Langhoff, 1900, S. 42).

„Woyzeck zieht ein Papier hervor. Friedrich Johann Franz Woyzeck, Wehrmann, Füsilier im 2. Regiment, 2. Bataillon, 4. Compagnie, geb. Mariä Verkündigung, ich bin heute alt 30 Jahr, 7 Monat und 12 Tage.“

Aus: Ingo Scheller: Szenische Interpretation. Georg Büchner, Woyzeck: Vorschläge, Materialien und Dokumente zum erfahrungsbezogenen Umgang mit Literatur und Alltagsgeschichte(n). Oldenburg: Universität Oldenburg, Zentrum für Pädagogische Berufspraxis, 1987.

❐ *Schreiben Sie eine Rollenbiografie aus der Ich-Perspektive. Lassen Sie sich dabei von den Informationen inspirieren und auch die eine oder andere davon in Ihre Biografie mit einfließen.*

Ergänzende Informationen zum Text von Jostein Gaarder (Enzyklopädie, Descartes, Rousseau)

Die nachfolgenden Informationen sind gedacht als Ergänzung zum Text von Jostein Gaarder (Textausgabe S. 75–78) und für ein mögliches Referat einsetzbar. Vertieft werden aufgrund ihrer Bedeutung für die Aufklärung die Stichwörter „Enzyklopädie" [„Deismus"], „René Descartes" und „Jean Jacques Rousseau".

Enzyklopädie

In der „Encyclopédie, ou Dictionnaire raisonné des sciences, des arts et des métiers" ist der Geist des neuen Bewusstseins abzulesen, der von Diderot (1713-1784), neben D'Alembert (1717-1783), Herausgeber des Werkes, als „Befreiung durch Wissenschaft" angegeben ist. In ihr sollte das gesamte Wissen des Zeitalters versammelt sein, und als Autoren zeichneten die führenden Aufklärungsphilosophen Frankreichs verantwortlich: Neben den Herausgebern (allein Diderot verfasste über 1000 Artikel) waren es mit Abschluss der Arbeit 160 Autoren, die an diesem Mammutprojekt mitarbeiteten, unter ihnen Voltaire (1694–1778), Montesquieu (1689–1755), La-Mettrie (1709–1751), Holbach (1723–1789), Condorcet (1743–1794), Rousseau (1712–1778). Schon vor Drucklegung der ersten Bände garantierte die große Anzahl der Vorbestellungen ihren Erfolg und beseitigte manche Schranke, die der Veröffentlichung im Wege stand. Eine Auflage von mehreren zehntausend Bänden und die Übersetzung in verschiedene Sprachen dokumentierte den neuen Zeitgeist.

Das hier versammelte Wissen war abgelesen vom „Buch der Natur", was heißen soll, dass Eingang in das Werk nur fand, was zuvor durch eine erforschte „Natur" zum Wissen erhoben worden war. Damit wurde – was ganz allgemein kennzeichnend für die Neuzeit ist – Abstand genommen von einem Wissen, das sich durch Neuinterpretationen autoritativer Texte erschließen sollte. Der Blick wurde so unmittelbar auf die „Naturwelt" gerichtet und nicht mehr nur auf *Bücher,* die sich allein durch den anerkannten Namen des Autors legitimierten, sodass Wahrheit bis dahin eine im Grunde namensgebundene war. Wie festgefügt der reine Buchglaube sich einst darbot, mag ein Beispiel verdeutlichen. An einer Leiche demonstriert ein Anatom des 17. Jhrdts, dass der Nervenstamm vom Hirn ausgeht und nicht, wie das Buchwissen dies darlegt, vom Herzen. Der Buchgelehrte hingegen sagt nach dieser Demonstration: „Ihr habt mir das alles so klar, so augenfällig gezeigt – stünde nicht der Text des Aristoteles dagegen, der deutlich besagt, der Nervenursprung liege im Herzen, man sähe sich zu dem Zugeständnis gezwungen, dass Ihr recht habt" (Galilei, zitiert nach Spierling [5]1997, S. 143). Während die Erforschung der Natur ein Feld der überraschenden Ergebnisse, der neuen Erkenntnisse sowie der daraus resultierenden Erfindungen beschreibt, verbleibt das Räsonieren über das buchgemäße Wissen im Bereich des Bekannten, das sich im Kreise dreht. Der ehemals alleinigen kontemplativen, theoretischen Schau wurde aber nicht nur die Erforschung des „Buches der Natur" zur Seite gestellt, die in die Enzyklopädie Eingang fand, sondern darüber hinaus die Berücksichtigung der Kenntnisse der mechanischen Künste. Gerade auch hierin spiegelt sich im Besonderen das neue Bewusstsein, galt es doch bis dahin dem menschlichen Geiste als entwürdigende Tätigkeit, sich diesen wie auch der wahrnehmbaren Welt zuzuwenden. „Wir wandten uns an die tüchtigsten Handwerker in Paris und unserem Königreich. Wir machten uns die Mühe, sie in ihren Werkstätten aufzusuchen, sie auszuforschen, nach ihrem Diktat Aufzeichnungen zu machen, ihre Gedanken zu entwickeln, aus diesen Gedanken die jeweils eigentümlichsten Fachbegriffe zutage zu fördern, Verzeichnisse derselben anzufertigen und sie zu erklären" (Diderot, zitiert nach Rossi 1997, S. 69). Anstelle der „Theorie" trat die „Praxis", die als Quelle der Wahrheit firmiert, und die Praxis war fortan aller Negativattributionen entkleidet. Das Handwerk und auch die angewandten Wissenschaften zeigten sich erheblich aufgewertet.

Mit der Enzyklopädie wurde ein Handbuch konzipiert, das auf das Denken der Zeitgenossen wesentlichen Einfluss nahm. Sie kann als das zentrale Werk der französischen Aufklärung betrachtet werden, durch das die Ideen in einem breiten Umfang aufgenommen wurden und zu wirken vermochten. Neben den Werken Voltaires und Rousseaus war sie „wichtigstes Werkzeug zur Vorbereitung der Französischen Revolution" (Störig [16]1993, S. 374).

Die Kirche opponierte gegen die „Satansbibel", wie sie die Enzyklopädie nannte, und setzte beim König ein Verbot durch, das sich allerdings nicht dauerhaft aufrechterhalten ließ, zu groß war die Resonanz. Mehrfach war das Werk im Verlaufe der Zeit noch vom Verbot bedroht. Zwischen 1751 und 1780 erschienen schließlich 36 Bände mit aufgeklärt-vernünftigen Artikeln, die der Kirchen-

[1] Jostein Gaarder führt 28 veröffentlichte Bände an. Die Angaben in Publikationen differieren immer wieder.

meinung im Wesentlichen widersprachen und dem Gottesglauben mit Skepsis begegneten. Trotz der kritischen Haltung gegenüber der Kirche und der Zuwendung zur Wissenschaft war es kein ausgewiesen anti-klerikales Werk und dies allein schon nicht aus Rücksichtnahme gegenüber der machtvollen und ihrer Macht bewussten Kirche und deren Möglichkeiten zur ungewünschten Einflussnahme.

Die Enzyklopädie verneint in summa nicht die Existenz Gottes, wohl aber verfolgt sie die Idee einer neuen Gottesvorstellung: der des „Deismus“: Es ist ein Gott, der die Welt schuf und in Bewegung setzte, fortan aber den Lauf der Welt nicht mehr bewegte, sondern den Bewegungsgesetzen der Welt freien Lauf ließ. Mit anderen Worten ist der Mensch sich nunmehr selbst überlassen, kann nicht auf die Instanz Gottes vertrauen, die hier und dort noch eingriff und sich korrigierend bemerkbar machte. In dieser Vorstellung verbirgt sich zugleich eine mechanistische Vorstellung vom Weltenlauf. Gott als vollkommenes Wesen setzte so eine vollkommene Welt in Gang, die des Eingriffs von außen nicht mehr bedarf. Zeigte er sich vonnöten, wäre die Schöpfung nicht vollkommen. Einem Uhrwerk gleich greifen alle Zahnräder des Seins perfekt ineinander, um das der „Uhrmacher“ Gott sich nicht mehr zu kümmern braucht. Die Trennung in eine diesseitige, sich selbst überlassene Menschenwelt und eine jenseitige, vom Menschenschicksal losgekoppelte Gotteswelt ist damit vollzogen. Mensch und Gott zeigen sich in der Vernunftreligion des „Deismus“ getrennt. Die natürlichen Gesetze, nach denen die Weltenuhr läuft, sind der Vernunft zugänglich. Ihre Entschlüsselung lässt teilhaben am Gotteswerk. So ist die Vernunft – fernab vom Glauben – zum Wahrheitsgrund aller Religion erhoben. Wer auf Wunder hofft, hat den Lauf der Welt nicht verstanden, womit auch der Offenbarungsglaube fragwürdig erscheint. Das der Vernunft Entgegenstehende kann nicht auf Anerkennung hoffen, was einen metaphysischen Gottesglauben verneint.

René Descartes (1596–1650) – „Vernunft“

Descartes, hervorragender Mathematiker und Begründer der analytischen Geometrie, versucht, die Methoden der Mathematik auf die Philosophie zu übertragen. Dazu gilt es, nichts als gewiss hinzunehmen, was nicht zuvor überprüft worden ist. Er legt hierzu in seinem Buch „Discours de la méthode“ vier Regeln nieder, mit deren Hilfe als gewiss Angenommenes zur Überprüfung ansteht:

1. Prinzip, das der Evidenz: Niemals ist etwas als wahr anzunehmen. Durch diesen Grundzweifel sind der Gewohnheit geschuldete „Vorurteile“, die den Menschen mehr leiten als jede Erkenntnis, zu vermeiden.
2. Prinzip, das der Zerlegung: Die zu untersuchende Sache wird zwecks Minderung der Komplexität in so viele Teile wie nur möglich zerlegt, sodass das Phänomenale der Sache in aller Klarheit erkannt werden kann.
3. Prinzip, das der Ordnung, bei dem der Gegenstand in einer aufsteigenden Ordnung vom Einfachen zum Komplexen zweckmäßig sortiert wird. Diese Ordnung ist dem Gegenstand nicht immanent, sondern vom Erkenntnissuchenden auferlegt und konstruiert.
4. Prinzip, das der Vollständigkeit, das darauf dringt, Aufzählungen zu leisten ohne Auslassung. Dieses Vorgehen ist zu dem bestimmenden Prinzip der Wissenschaft geworden, das noch heute gilt.

Den Axiomen in der Mathematik vergleichbar sucht Descartes aber ein Fundament, von dem aus

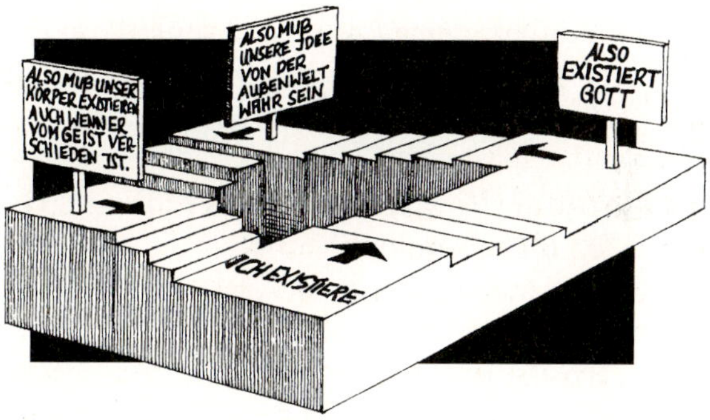

„Ich denke, also bin ich.“ (Descartes)

er sein Gebäude der Philosophie aufbauen kann. Indem er keine Tradition und kein überliefertes Wissen ungeprüft gelten lässt, betätigt er sich als „Alleszertrümmerer“. Nachdem er alles in Zweifel stellt, kommt er zu dem Punkt, dass es wenigstens jemand geben muss, der zweifelt, das Fundament, von dem aus nun das System aufgebaut werden kann. Cogito ergo sum – Ich denke, also bin ich. „Das denkende Ich existiert.“ Von dieser Gewissheit aus setzt er Gott als Gegenpol, in der Annahme, ein gewiss Lebendes kann nicht in einer Umwelt voller Täuschung leben. Wenn es jemanden gibt, der die Welt geschaffen hat, wäre ein solcher Gott ein täuschender Gott, ein Betrüger. Gleichzeitig fragt er nach dem Ursprung aller Dinge und kommt zu Gott. Dass der Mensch als unvollkommenes Wesen ein höchst vollkommenes

Wesen denken kann – eine „Idealität“ –, ist für Descartes der Beweis, dass es eine Instanz geben muss, die dem Menschen die Idee in den Geist gesetzt hat. Gott muss daher für ihn notwendig existieren.

Descartes’ Vorgehen begründet den „Dualismus“, denn die Welt wird geteilt in das denkende Ich (res cogitans) und in die ausgedehnte Welt (res extensa), Geist und Materie, und das eine steht dem anderen gegenüber. Mit Descartes beginnt das Zeitalter der „Objektivität“, da fortan angenommen wird, dass das abstrahierende, „weltliche“ Ich von seiner materiellen Umwelt unabhängig ist, sodass es diese Umwelt wissenschaftlich distanziert beobachten kann, ohne dabei selbst als die Beobachtung verfälschende Einflussgröße präsent zu sein. Selbstbewusstsein entspringt aus der Selbstgewissheit. Das neuzeitliche Denken, der auf sich selbst gestellte Mensch, beginnt die Welt zu denken. Ohne es zu wollen, hat Descartes damit auch die Trennung von geistig durchdrungener Kirchenwelt und Wissenschaft betrieben.

Dem Dualismus Descartes’ gegenübergestellt ist der *Monismus* des Materialismus, da hier Denken als Funktion der Materie gilt, das ganz ähnlich den anderen Körperorganen seelenlos seine Funktion verrichtet. Es ist ein atheistischer Ansatz, der auf Gott als bewegende Instanz verzichten kann.

Jean-Jacques Rousseau (1712–1778) – „Gefühl“, „Empfindsamkeit“

Die im Textband präsentierten Auszüge (S. 78–81) entstammen dem Erziehungsroman „Emile“ (1762), der die Pädagogik maßgeblich beeinflusste und bis heute noch wirkt. An die Stelle einer Erziehung, die nicht nach den Bedürfnissen des Kindes fragt, sondern immer schon normativ weiß, was gut für das spätere Leben ist und daher erlernt werden sollte, setzt er in diesem Roman eine Pädagogik, die dem Kind ein Eigenrecht auf individuelle Entwicklung zugesteht. Im Zentrum steht das momentane Glücklichsein des Kindes über seine sich entwickelnden Fähigkeiten, die im erprobenden, spielerischen Umgang mit der Umwelt entfaltet werden sollen. Das Lernen an der gegenwärtigen Umwelt bestimmt sodann auch die zukünftige Gegenwart, da das Gelernte auch zukünftig anzuwenden und so im je gegenwärtigen Sein die Erfüllung zu finden ist. Dieser Erziehungsprozess soll sich unter asketischen, natürlichen Bedingungen abspielen, um die Abhängigkeit von künstlichen Umwelten und Bedürfnissen so minimal zu halten wie nur irgend möglich. Allein die individuelle Bedürfnisbefriedigung soll im Zentrum stehen. Mit Rousseau ist das Kind als Kind akzeptiert, dem Zeit und Raum zur Entwicklung gegeben wird. Rousseau ist aber eine zwiespältige Persönlichkeit gewesen, deren Schrift gewordene Gedanken nicht unbedingt immer mit ihrem Handeln in Einklang stehen. So pädagogisch neu seine Gedanken auch waren, seine eigenen Kinder – immerhin fünf an der Zahl – steckt er samt und sonders ins Kinderheim.

Seine politischen Gedanken sind nicht weniger revolutionär: In seinem preisgekrönten Werk „Discours sur les sciences et les arts“ (1750) vertritt er ebenfalls die Ansicht, dass die Kultur dem Menschen schädlich sei und Wissenschaft und Künste, indem sie unnatürliche Bedürfnisse weckten, den Menschen verdürben und seine Moral untergrüben. Sie befördere das Aufkommen von Eigentum, und damit beginne sich der Gedanke von Missgunst und charakterlicher Verdorbenheit seinen unseligen Weg zu bahnen. Der einsichtige Selbsterhaltungstrieb weiche purem Egoismus. Die Welt teile sich ungleich auf in Besitzende und Besitzlose, wobei die fortschreitende Kultur wachsende Unterschiede und Abhängigkeiten schaffe. Nach Rousseau bedeutet ein Mehr an technischem Fortschritt und Wissen nicht automatisch ein Mehr an Freiheit und eine bessere Welt.

In weiteren Abhandlungen ausgearbeitet mündet dies schließlich in das Buch „Contrat social“ (Der Gesellschaftsvertrag). Anstelle der gewachsenen, von ihm so vehement bekämpften hierarchisch gegliederten Kultur setzt Rousseau hier den „Gemeinwillen“: Gültiges Gesetz wird danach, was der Befragung durch den die Entscheidungsgewalt ausübenden Bürger („citoyen“) standhält. Der Einzelne ist somit Teil eines sich verwirklichenden Gemeinwesens. Damit ist das feudale System aufgehoben, bei dem von oben nach unten entschieden wird. So extrem Rousseaus Kritik auch klingt, sie muss als Gesellschaftskritik verstanden werden, als ein Plädoyer gegen die unmenschlichen Bedingungen seiner Zeit. Er macht nichts anderes, als diesem radikal unmenschlichen System ein anderes radikales System entgegenzusetzen. Mit der Kultur und dem Preisen des Vernunftliedes, wie dies die Karikatur „Der Marsch der Vernunft“ darlegt, wird der Mensch nach Rousseau geknechtet, weil die voranschreitende Kultur allein den zukünftigen aufgeklärten Menschen proklamiert, also teleologisch (zielgerichtet) verfährt und dabei nicht den Menschen in seinem augenblicklichen Leid im Blickfeld behält. Die Gegenwart wird dabei zugunsten der Zukunft nicht nur ausgegrenzt oder vergessen, sondern trotz aller Missstände für vernünftig gehalten (siehe auch Textausgabe, S. 87, Z. 18–34).

Der Marsch der Vernunft

Kultur beschreibt den Wunsch nach Erhöhung, womit sich für Rousseau auch die Skepsis gegenüber der Religion verbindet. Der Offenbarungsglaube ist ihm suspekt. Seine Religion spielt sich im Gefühl ab. Das Gefühl sagt, dass Gott ist. Mehr braucht es nicht.

An die Stelle der „Vernunft“ setzt er so insgesamt das „Gefühl“ oder die „Empfindsamkeit“, die den Menschen in politischen wie religiösen Fragen leiten soll. Bei aller Kritik, die an der Gesellschaft geübt wird, auch Rousseau ist ein Kind der Aufklärung, der sie vorantreibt, indem er sie aufs Schärfste kritisiert. Robespierre ist als junger Student bei Rousseau vorstellig, und die Gedanken, die Rousseau in dem schon erwähnten Buch „Der Gesellschaftsvertrag“ (1762) formuliert, sind bei der Entwicklung der republikanischen Verfassung Vorbild. So wird er Wegbereiter einer neuen Ordnung. Aber nicht nur für Frankreich ist Rousseau mit seinen Ideen für einen demokratischen Staat Vorbild, sondern auch für das nach Unabhängigkeit strebende Amerika. „[E]s war kein Zufall, dass die amerikanische Unabhängigkeitserklärung von 1776 Rousseaus Thesen fast wörtlich wiederholte“ (Hagen 1999: 101).

Nach einem wechselvollen, unsteten Leben, das aufgrund seiner unchristlichen Thesen auch vor weltlicher Strafverfolgung nicht gefeit war und Bücherverbrennungen erlebt, stirbt er – berühmt zwar – einsam und verbittert.

Originalbeitrag Norbert Schläbitz

Das Clarus-Gutachten

Die Zurechnungsfähigkeit des Mörders Johann Christian Woyzeck, nach Grundsätzen der Staatsarzneikunde aktenmäßig erwiesen von Dr. Johann Christian August Clarus

Am 21. Juni des Jahres 1821, abends um halbzehn Uhr, brachte der Friseur *Johann Christian Woyzeck,* ein und vierzig Jahr alt, der sechs und vierzig jährigen Witwe des verstorbenen Chirurgus *Woost, Johannen, Christianen,* gebornen *Otto'in* in dem Hausgange ihrer Wohnung auf der Sandgasse, mit einer abgebrochnen Degenklinge, an welche er desselben Nachmittags einen Griff hatte befestigen lassen, sieben Wunden bei, an denen sie nach wenigen Minuten ihren Geist aufgab und unter denen eine penetrierende Brustwunde, welche die erste Zwischenrippenschlagader zerschnitten, beide Säcke des Brustfelles durchdrungen, und den niedersteigenden Teil der Aorta, an einem der Kunsthülfe völlig unzugänglichen Orte, durchbohrt hatte, bei der am folgenden Tage unternommenen gerichtlichen Sektion, so wie in dem darüber ausgefertigten Physikatsgutachten (den 2. Juli 1821), für *unbedingt* und *absolut tödlich* erachtet wurde. [...]

1. Bei Durchsicht der Akten

Der Inquisit[2] Woyzeck stammt von durchaus rechtschaffenen Eltern, die ihren gesunden Verstand bis an ihr Ende behalten und nie eine Spur von Tiefsinn oder Verstandeszerrüttung gezeigt haben. [...] Nachdem er in seinem achten Jahre seiner Mutter und im dreizehnten Jahre seines Vaters, der sich zwar um seine Erziehung wenig bekümmert, ihn aber nicht hart behandelt und für seinen Unterricht in der Freischule auf eine seinem Stande und seinem Vermögen angemessene Weise gesorgt hatte, durch den Tod beraubt worden, hat er die Perückenmacherprofession erlernt, und [...] bis zu seinem achtzehnten Jahre, wo er sich auf die Wanderschaft begeben, jederzeit sehr gut, ruhig und verständig betragen und niemals eine Spur von Verstandesverwirrung oder Tiefsinn an sich blicken lassen. [...] Während dieser Zeit hat er sich, nach dem Zeugnisse des damaligen Kutschers *Heuß,* der mit ihm täglich zusammen gewesen ist, sehr gut, gesetzt und fleißig betragen, keine Veranlassung zu Klagen gegeben und keine Spur von Tiefsinn oder Verstandesverrückung an sich bemerken lassen. Ebenso bezeugt die Traugottin, damals Schindelin, mit der er bei dem Wattenmacher Richter zusammengewohnt und Umgang gehabt hat, dass er heitern Gemüts, nicht zänkisch und streitsüchtig, sondern vielmehr recht ruhig, bescheiden und verständig gewesen sei. Da aber diese Person späterhin, als sie bei dem M. Buschendorf in Diensten gewesen, seine Bewerbungen, um derentwillen er fast täglich von Barneck hereingekommen ist und ihr teils in der Allee, teils im Hause aufgelauert hat, nicht mehr annehmen wollen, hat er ihr nicht nur (nach der von ihr beschwornen Aussage) einstmals in der Feuerkugel mit den Worten: Höre, Kanaille, du willst mir untreu werden, mehrere Schläge an den Kopf gegeben, weshalb sie ihn auf dem Rathause denunziert hat, sondern auch bald darauf abends zwischen zehn und elf Uhr an die Tür ihrer Wohnung in Englers Hause geklopft, und als sie geöffnet, ihr, da sie bloß mit einem Mantel bekleidet gewesen, an die Brust gegriffen, sie auf den Hof zu ziehen gesucht und ihr dabei (nach ihrer Aussage) mit einem großen Mauersteine, nach seinem Eingeständnisse aber mit der Faust, in der er einen Schlüssel gehabt und in der Absicht, ihr eins zu versetzen oder ihr ein Andenken zu hinterlassen und mit den Worten: Luder, du musst sterben, zwei Schläge auf den Kopf gegeben und ihr eine Wunde von der Größe eines Kupferdreiers beigebracht, hierauf aber sich entfernt und am folgenden Tage in Gesellschaft seines Stiefbruders Richter, jedoch ohne diesem zu sagen, dass es der Schindelin wegen geschehe, auch ohne dass dieser die geringste Spur von Verstandesverrückung an ihm wahrgenommen hat, Leipzig verlassen. [...] Über seine Aufführung und seinen Gemütszustand während dieses Zeitraums von 12 Jahren sind keine Zeugnisse bei den Akten vorhanden, er selbst aber versicherte bei den Unterredungen, [...] dass er es überall sehr gut gehabt, [...], und den Umgang mit dem weiblichen Geschlecht zwar nicht gesucht, aber auch die Gelegenheit dazu nicht verschmäht, sich aber immer mehr zu einer Person gehalten habe, wobei es ihm ziemlich gleichgültig gewesen sei, ob diese mit mehreren zu tun gehabt oder nicht. Ausführlicher

Dr. med. Johann Christian August Clarus (1774–1854). Ölgemälde von Friedrich Matthäi.

[2] angeklagte Person

und diesen frühern Aussagen zum Teil widersprechend gibt er bei seinen neuen Vernehmungen an, dass er im Jahre 1810 Umgang mit einer ledigen Weibsperson, der *Wienbergin,* gehabt, mit dieser ein Kind gezeugt, während der Zeit, als er bei den Mecklenburgischen Truppen gestanden, auf die Nachricht, dass sich diese Person unterdessen mit andern abgebe, zuerst eine Veränderung in seinem Gemütszustand bemerkt, dieserhalb sich wieder zu den Schweden begeben, und den frühern Umgang mit ihr fortgesetzt habe. Diese Veränderung habe sich dadurch geäußert, dass er ganz still geworden und von seinen Kameraden deshalb oft vexiert worden sei, ohne sich ändern zu können, sodass er, ob er gleich seine Gedanken möglichst auf das zu richten gesucht, was er gerade vorgehabt, es nichtsdestoweniger verkehrt gemacht habe, weil ihm zuweilen auf halbe Stunden lang, oft auch nur kürzere Zeit, *die Gedanken vergangen seien.* [...] Überdies habe er beunruhigende Träume von Freimaurern gehabt und sie mit seinen Begegnissen in Beziehung gebracht. Als er eines Nachmittags mit seinen Kameraden in einer Stube gewesen, habe er Fußtritte vor derselben gehört, ohne diesfalls etwas entdecken zu können, und es für einen Geist gehalten, weil ihm einige Tage vorher von einem solchen geträumt habe. Seine Unruhe habe fortgedauert, [...] er habe, als ihm ein Traum die Erkennungszeichen der Freimaurer offenbart, geglaubt, dass ihm diese Wissenschaft gefährlich werden könne und dass er von den Freimaurern verfolgt werde. [...]

Nach einem Aufenthalt von 6 Wochen ist er [...]

3. [v]om Februar 1819 zu Johannis 1820 bei der Stiefmutter der *Woostin,* der Witwe *Knoblochin* in dem Hause des Gelbgießers *Warnecke,* in welchem dessen Pachter *Jordan* eine Schenkwirtschaft treibt; wo er bald auf den Wollbolden des Herrn Knobloch gearbeitet, bald auf Empfehlung der Knoblochin bei dem Buchbinder *Wehner* in Volkmarsdorf Papparbeit gemacht, bald für den Buchhändler *Klein* illuminiert[3], auch während dieser Zeit dem Buchhalter Herrn *Lang* und dem Hrn. M. *Gehhard,* ingleichen während der Messe den Fremden *Benedix* bedient hat. Nach dem Zeugnisse dieser Person und namentlich *Warneckes, Jordans, Wehners,* Hrn. *Langs* und Hrn. M. *Gebhards* hat er sich auch in dieser Zeit sehr verständig, still und bescheiden betragen, die ihm erteilten Aufträge zu ihrer Zufriedenheit besorgt, auch keine Merkmale von Tiefsinn oder Verstandesverrückung und überhaupt nichts Auffallendes in seinem Benehmen blicken lassen. Mehrere derselben, nämlich Warnecke und Wehner, haben bemerkt, dass er den Branntwein geliebt und manchmal zu viel getrunken habe, auch hat die Knoblochin darüber gegen Jordan geklagt.

4. Letztere sagt übrigens, dass *Woyzeck* mit ihrer Tochter Umgang gehabt, aber wegen ihres häufigen Umganges mit Soldaten Eifersucht gefasst, die *Woostin* mehrere Male gemisshandelt und so viel Lärm und Unruhe gemacht habe, dass sie ihm auf Warneckes Verlangen das Logis aufsagen müssen. Den Vorfall, der hierzu Veranlassung gegeben hat, erzählt Warnecke folgendermaßen: Er, Warnecke, habe einstmals zu Woyzecken in der jordanschen Schenkwirtschaft gesagt: Hier, *Woyzeck,* Mordhahn, willst du ein Glas Schnaps trinken? Woyzeck aber ihm hierauf eine pöbelhafte Antwort gegeben, und als er selbst sich hierauf bestürzt gegen Jordan gewendet, mit den Worten: der Kerl pfeift dunkelblau, sich entfernt. Als nun hierauf Warnecke der Knoblochin habe sagen lassen, sie müsse ausziehen, wenn sie Woyzeck nicht fortschaffe, habe ihm dieser, ehe noch solches geschehen, mehrere Briefe und in einem derselben die (gereimten) Worte geschrieben: Der Sachse bietet Frieden dem türkischen Sultan an, er ist doch nicht zufrieden, wenn er nicht prügeln kann. – Als nun Warnecke, bei Lesung dieses Briefes, gesagt: Nun kriegt der Kerl Prügel, wenn er wiederkommt, habe Woyzeck, der den Brief selbst gebracht und, in der Küche stehend, diese Worte gehört habe, erwidert: Da lauert er eben drauf, worauf Warnecke ihm einige Hiebe gegeben und jener nach deren Empfang gesagt habe: Das ist rechtschaffen gedacht, nun sind wir quitt, Wurst wider Wurst! [...] Da nun dessenungeachtet Woyzeck von der Knoblochin ausziehen müssen, hat er sich [...]

5. *zu dem Zeitungsträger Haase* begeben, wo er von Johannis bis einige Wochen vor Michaelis 1820 in einer Dachkammer am Tage bei einer Lampe gearbeitet [...] hat, [...]. In dieser Kammer, behauptet er, bei Tage und in der Nacht, vielfältig gestört worden zu sein. Er habe es hören sprechen, obgleich niemand in der Nähe geschlafen. Manchmal habe es auf dem Deckbette getappt, und wenn er darnach gegriffen, weil er es für Ratten oder Mäuse gehalten, habe er nichts gefunden. Einmal, als er abends nach 10 Uhr nach seiner Kammer haben gehen wollen, habe er es in seiner Nähe stark knistern und deutlich eine Stimme sprechen hören: *O, komm doch!* Er sei darüber sehr heftig erschrocken und deswegen herunter zum Wirt, dieser aber mit einer Laterne in die Kammer gegangen, ohne etwas zu bemerken. [...]

3 festlich beleuchten

Aus Mangel an hinreichender Beschäftigung scheint Woyzeck zu Anfang des Winters 1820 den Entschluss gefasst zu haben, Stadtsoldat zu werden, daher ihn der Feldwebel von gedachter Garnison

7. bei dem Unteroffizier *Pfeiffer* untergebracht hat, wo er bis Weihnachten dieses Jahres geblieben, aber, weil sein Abschied nicht richtig gewesen, bei der Garnison nicht angenommen worden ist. Hier hat er mit dem Tambour *Vitzthum* einige Wochen lang in einem Bette geschlafen und sich mit Illuminieren für Herrn Klein beschäftigt, aber auch Vitzthumen mehrere Kleinigkeiten und darunter einen Degen mit Scheide entwendet, solche aber, sobald sie dieser wieder verlangt, zurückerstattet. Beide versichern, dass sein Betragen gut und verständig und nicht zänkisch gewesen sei; auch hat sein Schlafgeselle Vitzthum nie eine Unruhe oder sonst etwas Auffallendes an ihm wahrgenommen, obgleich Woyzeck behauptet, dass er auch hier Stimmen gehört und sonderbare Träume gehabt habe, ohne sich etwas merken zu lassen.

Nachdem Woyzeck Vitzthumen obgedachte Sachen entwendet, ist er, seiner Angabe nach, abermals einige Nächte herberglos und einige Tage im Arrest gewesen, sodann aber

8. Zu der *Naumannin* gezogen, wo er in der Neujahrsmesse 1821 drei Wochen lang gewohnt und vorgegeben hat, [...]. Er selbst sagt bloß, dass es ihn auch hier verfolgt habe.

Um diese Zeit ist er auch noch in Warneckes Hause aus- und eingegangen, hat der dort wohnenden Woostin hinter der Türe aufgelauert, [...]. An demselben Abend hat er der Woostin auf der Treppe aufgelauert und auf ihre Weigerung, mit ihm spazieren zu gehen, sie mit der Hand, in der er die Scherben eines zerbrochnen Topfes gehabt, blutrünstig geschlagen, ist aber deshalb von den dazugekommenen Personen festgenommen und hierauf mit 8-tägigem Arrest bestraft worden, bei welcher Gelegenheit an ihm keine Spur einer besondern Unruhe, Zerstreuung oder Gedankenlosigkeit wahrgenommen worden ist. [...]

Endlich hat er bis ungefähr zum 20. Mai 1821

10. bei der um diese Zeit verstorbenen *Wittigin* im schwarzen Brette eine Bettstelle gehabt. Er selbst versichert, dass er auch hier Stimmen vernommen habe. Dahin gehört seine Erzählung, dass es ihm, als er einen zerbrochenen Degen gekauft, zugerufen habe:

Stich die Frau Woostin tot!,

wobei er gedacht: Das tust du nicht, die Stimme aber erwidert habe:

Du tust es doch.

Um dieselbe Zeit hat er die Woostin in der Allee von Bosens Garten, auf ihre Weigerung, mit ihm zu gehen, mit der Faust ins Gesicht geschlagen, wovon ihr dasselbe aufgeschwollen und mit Blut unterlaufen ist, und kurz nachher, als er sie mit seinem Nebenbuhler auf dem Tanzboden getroffen, sie die Treppe hinuntergeworfen und auf der Straße einen Stein aufgehoben, um damit nach ihr zu werfen, diesen aber wieder fallen lassen. [...]

Von dem Tode der Wittigin an hat er sich bis zur Ausführung seiner Tat acht bis vierzehn Tage lang im Freien herumgetrieben und von Unterstützungen guter Menschen gelebt, die er aber schriftlich gebeten zu haben vorgibt, weil er seine Bitten mündlich vorzutragen unvermögend gewesen und dabei zuweilen in Verlegenheit gekommen sei. Übrigens erhellet aus den Akten, dass die Woostin, ungeachtet ihres offnen Umgangs mit einem andern, dennoch auch den Umgang mit Woyzeck keineswegs gänzlich abgebrochen, ihm sogar noch in der Ostermesse d. J. den vertrautesten Umgang gestattet; ein andermal, als er ihr in Begleitung der Böttnerin begegnet, ihn etwas zurückweisend behandelt, dennoch ihm auf den Tag, wo die Mordtat vorgefallen, auf der Funkenburg eine Zusammenkunft versprochen, ihm aber nicht Wort gehalten, sondern mit dem Soldaten Böttcher einen Spaziergang gemacht hat: dass Woyzecks Gedanken indessen immer mit der Woostin und ihrer Untreue beschäftigt gewesen, dass er, nachdem er sie am Morgen desselben Tags unter einem erdichteten Vorwande zu sprechen gesucht, den übrigen Teil des Tages unbeschäftigt herumgelaufen, auch auf der Funkenburg gewesen, aber, weil er geglaubt, sie komme doch nicht, nur ein paarmal hin und her gegangen [...], dass er ferner gegen Abend, *in der Absicht, die Woostin damit zu erstechen,* die Degenklinge in ein Heft stoßen lassen, und als er hierauf der Woostin zufällig begegnet und von ihr erfahren, dass sie nicht auf der Funkenburg gewesen, sie nach Hause begleitet, auf diesem Wege an seinen Vorsatz nicht wieder gedacht, in dem Hausflur des Hauses aber, wo die Woostin gewohnt, und als ihm diese etwas gesagt, wodurch er in Zorn geraten, die Tat vollzogen, nach vollbrachter Tat sich im Geschwindschritt entfernt, bei seiner Verhaftung den Dolch wegzuwerfen gesucht und gleich nachher, als ihm auf seine Frage, ob die Woostin tot sei, niemand geantwortet, gesagt hat: Gott gebe nur, dass sie tot ist, sie hat es um mich verdient! [...] Sein ganzes Unglück aber sei eigentlich gewesen, dass er die *Wienbergin* habe sitzen lassen, [...]. Der Gedanke an sein Kind und an diese von ihm verlassene Person sei ganz allein die Ursache seiner beständigen

Unruhe geworden [...]. Später habe er sich auch Vorwürfe wegen seines Umgangs mit der Woostin gemacht, da er eigentlich doch die Wienbergin habe heiraten wollen. Er habe sich daher auch geärgert, wenn die Leute von ihm gesagt hätten, dass er ein guter Mensch sei, weil er gefühlt habe, dass er es nicht sei. – [...]

Aus: Georg Büchner: Werke und Briefe. München [7]1986. S. 392–400

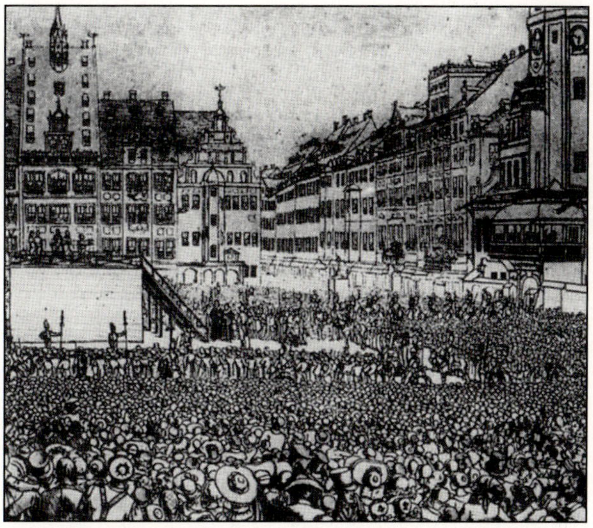

Marktplatz zu Leipzig, 27.8.1824,
J. C. Woyzeck auf dem Weg zu seiner Hinrichtung,
Federlithografie von C. G. H. Geißler, 1824

Eiszeit (Rezension)

Kalt ist es. Die Menschen leben isoliert vor sich hin, das Wohl und Wehe des einen berührt den anderen wenig. Kommt es doch einmal zum Gespräch, redet man aneinander vorbei. Trostlos. So, scheint es, sieht der Regisseur Dimiter Gotscheff die Welt. Sein pauschaler Befund interessiert ihn offenbar mehr als die Nuancen der Wirklichkeit, mehr vor allem als das Stück, das er jetzt im Kleinen Haus des Düsseldorfer Schauspielhauses inszenierte. Georg Büchners Fragment „Woyzeck“ dient ihm lediglich als Beweis dafür, dass der Mensch nur mehr funktioniert – als wär's ein Roboter. Dafür mag es Belege geben, in Industrie, Krieg und Privatleben. Sie aber zu verallgemeinern ist so einseitig wie Gotscheffs klinisch empfindungslose Lesart des büchnerschen Textes. Der spricht hier ohnehin mehr in Gesten als in Worten. Am Anfang und am Ende des Stücks vollführen die Figuren auf der im Hintergrund lediglich mit zehn Stühlen besetzten, durch nichts ablenkenden Bühne einen halb ekstatischen, halb roboterhaften Tanz, bei dem jeder in einem unsichtbaren Gefängnis für sich bleibt. Der Versuch, durch wirre Gesten und unartikulierte Rufe den Nachbarn zu erreichen, schlägt fehl.

Was in diesem pantomimischen Rahmen geschieht, rührt den Betrachter nicht an, weil die Regie offenbar alles Empfinden, Gefühl gar als Sentimentalität abtut. Reglos und unbeteiligt, glaubt man der Ausführung eines Experiments beizuwohnen.

Bernd Grawert als Woyzeck [...] bewegt sich oft wie eine wild exerzierende Marionette über die Bühne. Zuckend spielt er das Opfer, das schließlich zum Mörder seiner Marie wird; ein Opfer und Täter zugleich, wie alle in dieser gotscheffschen Eiszeit, in der Unterschiede zwischen Personen kaum mehr ins Gewicht fallen.

Almut Zilcher hat es schwer in der Inszenierung, als Marie so etwas Sentimentales wie Liebe zu verkörpern, stets mit einem roten Kissen unterm Arm, ihrem Kind. Sie liebt Woyzeck und betrügt ihn doch mit dem Tambourmajor (Paul Faßnacht). Dieter Prochnow als Hauptmann, den Woyzeck rasiert, statt dass er sich gegen ihn auflehnt, macht zuweilen einen verhetzteren Eindruck als jener Woyzeck, dem er diesen Zustand attestiert und der mit der von ihm immer wieder geforderten „Moral“ ebenso hadert wie Marie bei der Lektüre der schier Unmögliches fordernden Bibel.

Titelblatt des Programmheftes zur Gottschef-Inszenierung des „Woyzeck“ (1993)

Als Woyzeck schließlich mit seinem Messer auf Marie einsticht und der Idiot Karl daraufhin auch dem Kind die Luft zum Atmen nimmt, erschrickt man allein ob der Gleichgültigkeit, mit der man das Ende erlebt. So beiläufig erfüllt sich, was Hanna Seiffert als Großmutter in ihrem zum Publikum hin vorgetragenen Märchen vorwegnahm: „War niemand mehr auf der Welt.“ Schon jenen zentralen Satz, den Woyzeck spricht, hat man fast nur als Floskel wahrgenommen: „Jeder Mensch ist ein Abgrund; es schwindelt einem, wenn man hineinsieht.“ [...]

In: Rheinische Post vom 24.11.93

Alban Berg, Szenenvorlage

ERSTE FASSUNG: SZENENGRUPPE 2

[1] FREIES FELD. DIE STADT IN DER FERNE

Woyzeck. Andres. Andres und Woyzeck schneiden Stöcke im Gebüsch.

ANDRES *pfeift und singt:*

Da ist die schöne Jägerei,
Schießen steht jedem frei;
Da möcht ich Jäger sein,
Da möcht ich hin.

Läuft dort e Has vorbei,
Frägt mich, ob ich Jäger sei.
Jäger bin ich auch schon gewesen,
Schießen kann ich aber nit.

WOYZECK. Ja Andres, das ist er – der Platz ist verflucht. Siehst du den leuchtenden Streif, da über das Gras hin, wo die Schwämme so nachwachsen? Da rollt abends der Kopf, es hob ihn einmal einer auf, er meint', es sei ein Igel, 3 Tage und 3 Nächte, er wurde zwerch, und er war tot. *Leise.* Das waren die Freimaurer, ich hab es haus.

ANDRES. Es wird finster, fast macht Ihr mir Angst. *Er singt.*

WOYZECK *fasst ihn an.* Hörst du's, Andres? Hörst du's, es geht neben uns, unter uns. Fort, die Erde schwankt unter unseren Sohlen. Die Freimaurer! Wie sie wühlen! *Er reißt ihn mit sich.*

ANDRES. Lasst mich! Seid Ihr toll! Teufel.

WOYZECK. Bist du ein Maulwurf, sind dei Ohre voll Sand? Hörst du das fürchterliche Getös am Himmel? Über der Stadt. Alles Glut! Sieh nicht hinter dich. Wie es hervorschießt, und alles donnert.

ANDRES. Du machst mir Angst.

WOYZECK: Sieh nicht hinter dich! *Sie verstecken sich im Gebüsch.*

ANDRES. Woyzeck, ich hör nichts mehr.

WOYZECK. Still, ganz still, wie der Tod.

ANDRES. Sie trommeln drin. Wir müssen fort.

Aus: Georg Büchner: Werke und Briefe. Nach der historisch-kritischen Ausgabe von Werner R. Lehmann. Kommentiert von Karl Pörnbacher, Gerhard Schaub, Hans-Joachim Simon und Edda Ziegler. München: Deutscher Taschenbuch Verlag, 7. Aufl., 1986, S. 135

Literaturverzeichnis

Baacke, Dieter: Jugend und Jugendkulturen. Juventa. München ²1993

Baacke, Dieter/Vollbrecht, Ralf: Zwischen Selbststabilisierung und Selbstrevision. Heranwachsende im Informationszeitalter. In: Mansel, Jürgen/Klocke, Andreas (Hg.): Die Jugend von heute. Luchterhand. München 1996

Bauman, Zygmunt: Moderne und Ambivalenz. Frankfurt am Main 1995

Beck, Ulrich: Die Risikogesellschaft. Suhrkamp. Frankfurt am Main 1996

Brater, Michael: Schule und Ausbildung im Zeitalter der Individualisierung. In: Beck, Ulrich (Hg.): Kinder der Freiheit. Suhrkamp. Frankfurt am Main 1997

Betten, Anne: Sprachrealismus im deutschen Drama der siebziger Jahre. Carl Winter. Universitätsverlag. Heidelberg 1985

Blankertz, Herwig: Die Geschichte der Pädagogik. Von der Aufklärung bis zur Gegenwart. Büchse der Pandora. Wetzlar 1992

Büchner, Georg: Werke und Briefe. Nach der historisch-kritischen Ausgabe von Werner R. Lehmann. Kommentiert von Karl Pörnbacher, Gerhard Schaub, Hans-Joachim Simon und Edda Ziegler. Dtv. München ⁷1986

Bornscheuer, Lothar: Georg Büchner, Woyzeck. Erläuterungen und Dokumente. Reclam. Stuttgart 1995.

Der deutsche Vormärz. Texte und Dokumente. Hg.: Jost Hermand. Reclam. Stuttgart 1985

Deppert, Fritz: Literarische Hefte 42. Berlin Ost 1972

Derrida, Jacques: Grammatologie. Suhrkamp. Frankfurt am Main ³1990

Fuchs, Peter: Das seltsame Problem der Weltgesellschaft. Westdeutscher Verlag. Opladen 1997

Geier, Manfred: Das Glück der Gleichgültigen. Rowohlt. Reinbek bei Hamburg 1997

Gil, Thomas: Ethik Metzler, Stuttgart/Weimar 1993

Glasersfeld, Ernst von: Radikaler Konstruktivismus. Suhrkamp. Frankfurt am Main 1996

Glück, Alfons: Woyzeck. Ein Mensch als Objekt. In: Interpretationen Georg Büchner. Dantons Tod, Lenz, Leonce und Lena, Woyzeck, Reclam, Stuttgart 1990

Haug, Freimut: Faszination Philosophie. Stationen der Erkenntnis von der Antike bis zur Gegenwart. Rowohlt. Reinbek bei Hamburg 1998

Im Hof, Ulrich: Das Europa der Aufklärung. Beck. München 1995

Klee, Ernst: Mythos Mengele. In: Die Zeit vom 30.09.99

Lütkehaus, Ludger: Nichts. Zürich. Haffmanns. 1999

Luhmann, Niklas: Die Gesellschaft der Gesellschaft. 2 Bde. Suhrkamp. Frankfurt am Main 1997

Luhmann, Niklas: Gesellschaftsstruktur und Semantik, Band 3. Suhrkamp. Frankfurt am Main ²1998

Luhmann, Niklas: Paradigmen lost: Über die ethische Reflexion der Moral. Rede von Niklas Luhmann anlässlich der Verleihung des Hegelpreises 1989. In: Luhmann, Niklas/Spaemann, Robert: Paradigmen lost. Suhrkamp. Frankfurt am Main ³1996

Luhmann, Niklas: Soziale Systeme. Suhrkamp. Frankfurt am Main ⁴1993

Maturana, Humberto/Varela, Francisco J.: Der Baum der Erkenntnis. Fischer. Bern/München ⁴1992

Mayer, Hans: Georg Büchner und seine Zeit. Suhrkamp. Frankfurt am Main 1972

Meier, Albert: Georg Büchners Ästhetik. Fink. München ²1975

Meier, Albert: Georg Büchner „Woyzeck“. Fink. München ³1993

Novalis: Die Christenheit oder Europa. Könemann. Köln 1996

Osborne, Richard: Philosophie. Eine Bildergeschichte für Einsteiger. Fink. München 1996

Reich, Kersten: Systematisch-konstruktivistische Pädagogik. Luchterhand. Neuwied/Kriftel/Berlin 1996

Röd, Wolfgang: Geschichte der Philosophie. Die Philosophie der Neuzeit 2. Von Newton bis Rousseau, Bd. 8. Hg. von Wolfgang Röd. Beck. München ^{2}1984

Rossi, Paolo: Die Geburt der modernen Wissenschaft in Europa. Beck. München 1997

Scheller, Ingo: Szenische Interpretation. Georg Büchner. Woyzeck. Oldenburg 1987

Schläbitz, Norbert: Mit System ins Durcheinander. In: von Schoenebeck, Mechthild (Hg.): Entwicklung und Sozialisation aus musikpädagogischer Perspektive. Essen. Die blaue Eule. 1998

Schläbitz, Norbert: Szenische Interpretation im Musikunterricht. In: Zeitschrift Grundschule 09/93

Schulze, Gerhard: Die Erlebnisgesellschaft. Campus. Frankfurt am Main ^{6}1996

Schulze, Hagen: Kleine deutsche Geschichte. Dtv. München 1998

Schulze, Hagen: Staat und Nation in der europäischen Geschichte. Beck. München 1999

Spierling, Volker: Kleine Geschichte der Philosophie. Piper, München ^{5}1997

Störig, Hans Joachim: Kleine Weltgeschichte der Philosophie. Kohlhammer. Stuttgart/Berlin/Köln ^{16}1993

Stroh, Wolfgang Martin: Neue Musik szenisch interpretiert – am Beispiel Wozzeck. In: Olias, Günter (Hg.): Musiklernen. Aneignung des Unbekannten. Blaue Eule. Essen 1994

Tugendhat, Ernst: Probleme der Ethik. Reclam. Stuttgart 1984

Tugendhat, Ernst: Vorlesungen über Ethik. Suhrkamp. Frankfurt am Main 1993

Voß, Reinhard (Hg.): Die Schule neu erfinden. Systematisch-konstruktivistische Annäherungen an Schule und Pädagogik. Neuwied/Kriftel/Berlin 1996

Bildnachweis

S. 7	Genetik Woyzeck (2) – © Array Advanced Communication La famiglia. Gemälde von Egon Schiele. © AKG, Berlin
S. 54	© dpa
S. 100	© Norbert Schläbitz. Foto: Johannes Diekhans
S. 101	Hessische Landes- und Schulbibliothek Darmstadt
S. 102, 103, 113	Woyzeck“ von Georg Büchner, gez. von Dino Battaglia. Altamira Verlag 1990
S. 105, 107	Aus: Richard Osborne: Philosophie. Eine Bildergeschichte für Einsteiger. München: Fink Verlag 1996
S. 108	Aus: Kurzwelly, Bildnis
S. 111	Entnommen aus: Jürgen Seidel: Georg Büchner. München: dtv. 1998
S. 112	© Hilmar Boehle, Düsseldorf